Wouter de Jong

Dein KOPF, der SUPERHELD

Wecke die 15 Superkräfte in dir

Mit Illustrationen von Hein de Kort

Übersetzung aus dem Niederländischen
von Verena Kiefer

BAUM HAUS

Die Bastei Lübbe AG verfolgt eine nachhaltige Buchproduktion. Wir verwenden Papiere aus nachhaltiger Forstwirtschaft und verzichten darauf, Bücher einzeln in Folie zu verpacken. Wir stellen unsere Bücher in Deutschland und Europa (EU) her und arbeiten mit den Druckereien kontinuierlich an einer positiven Ökobilanz.

FSC www.fsc.org MIX Papier | Fördert gute Waldnutzung FSC® C109273

Titel der niederländischen Originalausgabe: „Superkrachten voor je hoofd"

Für die Originalausgabe:

Coverdesign: Judith Schoffelen und Hein de Kort

Für die deutschsprachige Ausgabe:

Textredaktion: Kerstin Ostendorf
Umschlaggestaltung: Guter Punkt, München | www.guter-punkt.de
unter Verwendung von Illustrationen von Hein de Kort
Satz: Helmut Schaffer, Hofheim a. Ts.
Gesetzt aus der Aalto Sans Essential
Druck und Verarbeitung: DRUK-INTRO SA

Printed in Poland
ISBN 978-3-8339-0808-8

5 4 3 2 1

Noch mehr tolle Bücher, viele Videos und Ideen zum Basteln, Rätseln, Backen, Zeichnen und Spielen gibt's hier: www.baumhausbande.com

Für Ava, Boet, Félien und Mia

WENN DAS LEBEN EIN SPIEL IST, IST DEIN KOPF DER CONTROLLER

INHALT

DAS BITTE ZUERST LESEN

→

(SONST LIEST DU VIELLEICHT EIN GANZES BUCH UMSONST!)

Dein Gehirn bringt den Spaß

Wenn das Leben ein Spiel ist, ist dein Kopf der Controller. Und wie in einem Spiel hast du auch im echten Leben schwierige Level: nervige Eltern, Streit mit einem guten Freund oder der besten Freundin, dein erster Tag an der neuen Schule, Momente, in denen du dich selbst nicht magst oder jemandem erzählst, dass du in ihn oder sie verliebt bist. Aber egal wie schwer das Level ist – wenn du deinen Controller richtig einsetzt, schaffst du alles!

TESTE DICH SELBST

Hast du deinen Controller unter Kontrolle? Kreuze hier an, was auf dich zutrifft:

- ◯ Ich habe nie die Schnauze voll
- ◯ Ich bekomme immer meinen Willen
- ◯ Ich bin nie unsicher
- ◯ Ich schäme mich nie
- ◯ Ich habe vor nichts Angst
- ◯ Ich bin nie traurig
- ◯ Ich wurde noch nie gemobbt
- ◯ Ich habe noch nie gemobbt
- ◯ Ich bin immer glücklich

ERGEBNIS

Hast du alles auf der Liste angekreuzt?
Dann ist dieses Buch absolut nichts für dich. Wirf es sofort in den Papierkorb!

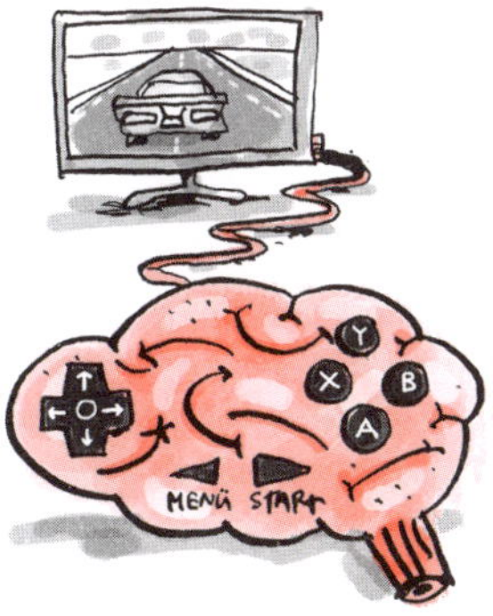

Hast du nicht alles angekreuzt?
Dann ist dieses Buch perfekt für dich! Denn damit trainierst du die Superkräfte in deinem Kopf!

Superkräfte? In meinem Kopf?

Na klar! Diese Superkräfte sind die Tasten an deinem Controller: clevere Techniken und Tricks. Damit schlägst du alle schwierigen Gegner in den Leveln deines Lebens mit Spaß und Wucht. Deine Superkräfte kannst du trainieren, zum Beispiel die DJ-Superkraft oder den Laserstrahl der Aufmerksamkeit – und bald kannst du sogar mit deinem eigenen Gehirn netflixen. Und es schlummern noch viel mehr Superkräfte in dir. Das bringen sie dir:

MEHR SELBSTVERTRAUEN

ÖFTER DEINEN WILLEN BEKOMMEN

WENIGER GRÜBELN

SCHNELLER FERTIG SEIN MIT TODLANGWEILIGEN AUFGABEN

AUFMUNTERUNG, WENN ES MAL SCHLECHT LÄUFT

BESSERE KONZENTRATION

WENIGER NERVIGE ELTERN

Kurzum: alles Kräfte, die dein Leben um einiges leichter machen!

Noch ein Grund, dieses Buch nicht wegzuwerfen:

Jedes Kapitel hat die Rubrik „Fordere deine Eltern heraus!“, in der du tolle Preise gewinnen kannst.

ZU GEWINNEN:

- Später ins Bett gehen
- Öfter dein Lieblingsessen
- Mehr Taschengeld
- Nein sagen zu blöden Aufgaben
- Länger fernsehen & zocken
- Mehr Süßigkeiten
- Deine Eltern Sachen für dich erledigen lassen

WER HÄTTE DAS NICHT GERN?

& EIN FETTER ABSCHLUSSPREIS

UND SO GEHT'S

- Am Ende jedes Kapitels gibt es eine Abschluss-Challenge. Jedes Mal, wenn du sie gemeistert hast, machst du auf dem nebenstehenden Vertrag ein Kreuzchen.
- Hast du fünfzehn Kreuzchen gesetzt? Dann hast du den Abschlusspreis gewonnen!
- Lege jetzt mit deinen Eltern* fest, welchen Preis du am Ende bekommst. Im Vertrag stehen schon drei Vorschläge, aus denen du einen wählen kannst, aber du kannst dir auch selbst einen ausdenken.
- Natürlich ist ein Vertrag erst ein Vertrag, wenn alle unterschrieben haben!

Du kannst den Vertrag auch ausdrucken und aufhängen, du findest ihn auf der Website www.baumhausbande.com/deinkopfdersuperheld.

** Die Challenges in diesem Buch kannst du mit deinen Eltern angehen. Aber das geht natürlich auch mit anderen Erwachsenen, etwa mit dem Opa, der Patentante, der Nachbarin oder mit einer anderen Person, zu der du eine enge Beziehung hast. Wenn irgendwo in diesem Buch „deine Eltern“, „dein Vater“ oder „deine Mutter“ steht, meine ich einfach den erwachsenen Menschen, den du dir ausgesucht hast.*

VERTRAG

ERREICHTE ABSCHLUSS-CHALLENGES

- ○ Kapitel 1
- ○ Kapitel 2
- ○ Kapitel 3
- ○ Kapitel 4
- ○ Kapitel 5
- ○ Kapitel 6
- ○ Kapitel 7
- ○ Kapitel 8
- ○ Kapitel 9
- ○ Kapitel 10
- ○ Kapitel 11
- ○ Kapitel 12
- ○ Kapitel 13
- ○ Kapitel 14
- ○ Kapitel 15

DER ABSCHLUSSPREIS

- ○ Ein Tag im Freizeitpark deiner Wahl
- ○ Ein großes Geburtstagsgeschenk an einem stinknormalen Tag
- ○ Der umgekehrte Abend*
- ○ ....

Ich verspreche feierlich, mich an diese Vereinbarung zu halten.

DEINE UNTERSCHRIFT	UNTERSCHRIFT(EN) DEINER ELTERNTEILE/ERZIEHENDEN
....	....

Viel Spaß mit den Superkräften in deinem Kopf!

Wouter de Jong

* Am umgekehrten Abend werden die Rollen getauscht: Du bist einen Abend lang dein Vater oder deine Mutter, und dein Vater und deine Mutter sind deine Kinder. Das bedeutet, dass du deine Eltern zu dem Zeitpunkt ins Bett bringst, zu dem normalerweise du ins Bett gehst. Und vielleicht erzählst du ihnen vor dem Einschlafen noch eine Geschichte. Anschließend gehört der ganze Abend dir! Du bestimmst selbst – genau wie deine Eltern an normalen Abenden –, wie lange du fernsiehst, was du dabei naschst und wie spät du schlafen gehst.

1

UNBEGRENZT NETFLIXEN IM KOPF

Fantasie

Es gibt ein Gerät, mit dem du immerzu Netflix gucken kannst. Du kannst dir alle möglichen Filme anschauen, zu jeder Tageszeit, egal wo du bist. Und niemand meckert über dein Alter. Das Gerät steht dir kostenlos zur Verfügung, du hast lebenslange Garantie darauf, und obendrein tut dir die Nutzung auch noch gut. Würde dir das gefallen? Dann habe ich ein Geschenk für dich: Schau mal in den Spiegel, das Gerät befindet sich nämlich auf deinen Schultern. Es ist dein eigener Kopf!

Die Kraft deiner Fantasie

EXPERIMENT 1

Setze dich eine Minute still hin und schließe die Augen.
Woran hast du gedacht?
Hast du es vor dir gesehen?

Den ganzen Tag über laufen in unserem Kopf Filme, wie ein endloser YouTube-Marathon. Du erinnerst dich zum Beispiel an etwas, das heute in der Schule passiert ist, oder du siehst jetzt schon vor dir, welche schönen Sachen du in den nächsten Ferien machen wirst. Welchen Effekt hat das?

EXPERIMENT 2

Schließe die Augen und stell dir für einen Moment vor, dass du den Rotz eines anderen Menschen im Mund hast. Vielleicht merkst du dann, dass du das Gesicht verziehst oder dass dir schlecht wird. Denke jetzt an das letzte Mal, als du dich schlapp gelacht hast. Und dann an dein Lieblingsgericht. Stell dir vor, dass du es wirklich schmeckst. Was merkst du? Lächelst oder lachst du? Fängst du schon an zu sabbern?

HAST DU DIE EXPERIMENTE DURCHGEFÜHRT?

NEIN?! DANN BEEIL DICH MAL EIN BISSCHEN!

Wie du in der letzten Übung bestimmt gemerkt hast, ist deine Fantasie sehr stark. Sie kann dich froh machen, wütend, traurig, ängstlich oder dir Übelkeit verursachen. Sie kann sogar dafür sorgen, dass du vor lauter Hunger anfängst zu sabbern! Obwohl Fantasien nicht echt sind, ist der Effekt, den sie erzeugen, sehr wohl echt! Schon allein die Vorstellung, dein Freund oder deine Freundin könnte Schluss machen, kann Erleichterung oder Kummer bei dir auslösen!

ECHT WAHR!

Bei einer Studie in Japan litten Studierende plötzlich unter Jucken, Hautreizungen und roten Flecken, als sie ein wenig Nivea Creme auftrugen. Beim Auftragen einer giftigen Creme hatten dieselben Studierenden jedoch keinerlei Probleme! Der Grund? Die Forschenden hatten ihnen gesagt, die giftige Creme sei Nivea und Nivea die giftige Creme. Das nennt man auch den Placebo-Effekt: Deine Fantasie ist so stark, dass sie sogar einen Ausschlag verursachen kann.

Klettverschluss für Probleme

Die meisten Filme in deinem Kopf laufen ganz automatisch ab, ohne dass du darüber nachdenkst. Und oft drehen sie sich um Dinge, über die du dir Sorgen machst. Manchmal kommt es einem so vor, als wäre das Gehirn ein regelrechter Klettverschluss für deine Sorgen! Das kann praktisch sein, etwa, wenn du beim Zocken plötzlich an den Berg unerledigter Hausaufgaben auf deinem Schreibtisch denkst. In so einem Fall ist es meist clever, dein Spiel mal kurz Spiel sein zu lassen – jedenfalls wenn du keinen Ärger willst.

Aber es kann auch unpraktisch sein, denn wenn sich deine Sorgen im Kreis drehen und du dich deswegen nur elend fühlst, arbeitet deine Fantasie gegen dich. Dann erinnerst du dich vielleicht immerzu an deinen peinlichen Sturz auf dem Schulhof, ausgerechnet in dem Moment, als das Mädchen/der Junge deiner Träume an dir vorbeikam! Oder du grübelst die ganze Nacht, weil du Angst hast, am nächsten Tag dein Referat in den Sand zu setzen. Dann machst du kein Auge mehr zu und stehst todmüde auf, wodurch du natürlich dein Referat wirklich vermasselst!

Chef im Netflix-Kopf

In deiner Vorstellung laufen also häufig Sorgenfilme. Dagegen werden wir etwas unternehmen. Du wirst deinen Netflix-Kopf besser in den Griff bekommen, und zwar indem du selbst entscheidest, welche Filme du laufen lässt. Versuch es mal mit dem folgenden Experiment.

EXPERIMENT 3

Setz dich still hin und schließe die Augen. (Nein, warte einen Moment! Erst den Rest lesen.) Denke an einen Ort, an dem du jetzt gerne wärst: am Strand, im Wald oder an einem selbst ausgedachten Ort wie einem ganz weit entfernten Planeten.

Was siehst, hörst und fühlst du jetzt, da du dort bist?

Es ist dein Ort, du darfst dort alles machen, was du willst. Stell dir vor, es kommt jemand vorbei, den du sehr liebhast, beispielsweise deine Oma, dein Vater, dein Haustier oder dein Idol. Male dir in Gedanken aus, ihr würdet euch umarmen oder mit einem Faustgruß begrüßen. Danach sagt die Person etwas, das du sehr gerne hören willst. Etwa „Ich liebe dich" oder „Du kannst das". Wenn du möchtest, kannst du darauf auch antworten. Dann führst du ein Gespräch im eigenen Kopf. Jetzt verabschiede dich und öffne die Augen wieder.

WENN DU DIE RICHTIGEN FILME IM KOPF LAUFEN LÄSST, KANNST DU BESSER SPORT TREIBEN, BESSER LERNEN UND LEICHTER GELASSEN BLEIBEN.

(Das haben verschiedene Studien bewiesen.)

Vielleicht merkst du während oder nach der Übung, dass du dich glücklicher fühlst, wenn du selbst entscheidest, worüber du fantasierst. Deine Fantasie kann noch viel mehr: Sie ist eine Superkraft für deinen Kopf!

ECHT WAHR!

Spitzensportler bringen bessere Leistungen, wenn sie sich vor einem Wettkampf oder einem wichtigen Spiel vorgestellt haben, wie sie ihr Bestes geben werden.

In manchen Krankenhäusern lernen Patienten, dass sie Schmerzen besser ertragen können, wenn sie in Gedanken eine Reise zu ihrem Lieblingsort machen.

Und wenn man vor einer Prüfung an einen klugen Professor denkt, soll das Ergebnis besser werden, als wenn man sich vorher einen hirnlosen Fußball-Hooligan vorstellt.[1]

FORDERE DEINE ELTERN HERAUS!

FREEZE-CHALLENGE

Bitte deinen Vater oder deine Mutter, die Augen zu schließen. Dann erzählst du ihnen die nachfolgende Geschichte.

Die Herausforderung: Sie dürfen keinen noch so kleinen Muskel bewegen, also nicht lachen oder angewidert das Gesicht verziehen. Sie schaffen es nicht?

DANN GEWINNST DU!

JAAA!

Schließe die Augen.

Du bist an deinem Arbeitsplatz. Du ziehst dich vollständig aus und sagst laut zu deinen Kollegen: „Hach, mir war so warm, jetzt geht es mir viel besser!“

Alle schauen dich verblüfft an. Du machst dir nichts daraus und holst dir pudelnackt einen Kaffee. An der Kaffeemaschine sind alle Augen auf dich gerichtet. Du versuchst, dir Kaffee in die Nase zu schütten, und rufst: „Tipp von meiner Oma: Kaffee trinken durch die Nase hilft gegen Erkältung. Solltet ihr auch mal ausprobieren!“

Dann sagst du plötzlich: „Seid mal still! Höre ich da etwa einen ostfriesischen Mistkäfer?“ Daraufhin lässt du einen Riesenfurz und sagst: „April, April!“

Nachdem du dich eine Minute lang schlapp gelacht hast, rufst du deinen erstarrten Kollegen zu: „Genug gelacht, Leute, geht wieder an die Arbeit!“ Danach hüpfst du zurück zu deinem Schreibtisch und singst lauthals: „Lang soll ich leben!“

Bei der nächsten öden Sache, um die dich deine Eltern bitten, darfst du ihnen das Wort „Salatgurke“ zurufen, und dann müssen sie es selbst machen. Zum Beispiel den Tisch decken oder dich morgens anziehen (ja, genau, du lässt dich einmal von deinem Vater oder deiner Mutter anziehen wie damals, als du noch klein warst).

Hast du in dieser Freeze-Challenge gemerkt, wie leicht es ist, bei einem anderen Menschen im Kopf einen Film ablaufen zu lassen? Nutze das für dich selbst! Wenn du möchtest (oder zu faul bist, dir selbst etwas auszudenken), kannst du auch deine Eltern bitten, sich einen Film für dich auszudenken. Zum Beispiel könnten sie laut fantasieren, dass du wie ein Vogel durch die Luft schwebst oder in einem Wald voller exotischer Tiere spazieren gehst. Dabei kannst du auch so richtig schön vor dich hindösen.

TIPP

Außer mit der Fantasie deiner Eltern kannst du auch mit dem Audiotrack „Chef in deinem Netflix-Kopf" üben. Du kannst den Audiotrack downloaden auf www.baumhausbande.com/deinkopfdersuperheld.

DEIN NETFLIX-KOPF BRINGT DIR EIN LEBEN LANG SPASS!

Du möchtest dich gern gelassener, weniger einsam, stärker, klüger, froher fühlen? Dann nutze deine Fantasie und drehe einen Film im Kopf, um dir zu helfen. Zum Beispiel:

Kannst du nicht schlafen?
Stell dir vor, du liegst in der Sonne am Strand, und die Wärme macht dich so richtig schön träge.

Willst du dich gut auf dein Referat vorbereiten?
Male dir aus, wie du vor der Klasse stehst, voller Selbstvertrauen sprichst und es genießt, die komplizierten Fragen der Klasse gekonnt zu beantworten.

Hast du Angst vor dem Zahnarzt oder im Dunkeln?
Stell dir vor, dass ein Löwe neben dir läuft, der dich bewacht und dir Mut macht.

TIPP

Du kannst deine Filme so verrückt, frech, kindisch, seltsam oder irre gestalten, wie du selbst willst. In deinem Kopf gibt es keine Regeln oder Grenzen. Niemand auf der ganzen Welt weiß, was du denkst. Deine Gedankengespinste bleiben völlig geheim (wenn du das willst).

Langweiliger Abschnitt

UND DER IST NATÜRLICH FÜR DEINE ELTERN

Verschiedene Studien zeigen, dass Kinder, die regelmäßig visualisieren, bessere Leistungen bringen, bei Beschwerden weniger Schmerzen empfinden, leichter lernen und gelassener sind.[2] Machen Sie es zu einem täglichen Ritual, Ihr Kind vor dem Schlafengehen kurz in eine angenehme Visualisierung mitzunehmen.

Auf www.baumhausbande.com/deinkopfdersuperheld gibt es Beispiele zum Vorlesen.

ABSCHLUSS-CHALLENGE

WAS? JETZT SCHON? JAAA!

Hast du die Anweisungen für die Abschluss-Challenges noch nicht gelesen? Blättere auf Seite 12 und lies nach, wie du einen richtig fetten Abschlusspreis gewinnen kannst.

Fantasie

Nimm dir jeden Tag einen Moment, um einen Film in deinem Kopf laufen zu lassen, durch den du dich sicherer, zufriedener, stärker oder froher fühlst. Zum Beispiel jeden Morgen beim Aufstehen, vor dem Schlafengehen oder zu einem Zeitpunkt, zu dem du es brauchst.

UND SO GEHT'S:

1. Höre auf mit dem, was du gerade machst.
2. Atme ein paarmal tief ein und aus.
3. Setze oder stelle dich möglichst entspannt hin.
4. Male dir jetzt für ein paar Minuten deinen eigenen Film aus. (Stell dir vor, was du fühlst, riechst, hörst und siehst. Das Wichtigste ist, dass du merkst, wie dich dein Film unterstützt und dass du dich dabei gut fühlst.)
5. Fertig? Dann darfst du hier deine Kreuzchen setzen:

Hier ein paar Ideen

1 2 3 4 5 6 7

HAST DU 7 TAGE GEÜBT?

NICHT SCHUMMELN, DU DARFST JEDEN TAG NUR EIN KREUZCHEN MACHEN!

Ist deine Fantasie gerade vollständig aufgebraucht? Keine Angst, unsere Ideen helfen dir bestimmt weiter.

Hättest du gern Hilfe, oder bist du zu faul? Dann nutze den Audiotrack „Chef in deinem Netflix-Kopf". Dabei kannst du dich einfach zurücklehnen und brauchst nur zuzuhören.

Unterhalte dich mit einem Superhelden, oder denke dir ein Fantasiewesen aus, das dir einen Rat gibt.

Triff dich mit einer Person, nach der du ganz verrückt bist. Du bekommst ein besonderes Geschenk von dieser Person. Was ist es? Vielleicht eine Glücksmünze (oder einfach eine PlayStation). Erforsche genau, was du bekommst, denn manchmal verstehst du die Bedeutung deines Geschenks erst eine Weile später.

Stell dir vor, du bist ein Berg. Auch wenn um dich herum viel los ist und jede Menge Lärm herrscht, bleibst du kraftvoll stehen und bist ganz gelassen.

Begib dich an einen schönen Ort, an dem du ganz du selbst sein darfst, ohne dass dich jemand sieht: in ein Baumhaus, an den Strand oder in deine allerliebste Gamingwelt.

Stell dir verschiedene Farben oder Licht vor. Vielleicht leuchtet ein schöner weißer Lichtstrahl aus deinem Herzen, oder aus deinen Händen kommen Regenbogenstrahlen.

LANGWEILIG, ABER WAHR:

Genau wie beim Fußball, beim Ballett oder Zocken gilt: Je öfter du übst, desto besser wirst du darin.

JIPPIE!

CHALLENGE GEMEISTERT!

Setze hier und natürlich auch vorn im Buch ein Kreuzchen.

2

DER LASERSTRAHL DER KONZENTRATION

Aufmerksamkeit

EXPERIMENT 1

Was siehst du hier?

Siehst du Spider-Man? Oder einen Bikini? Sie sind beide in der Zeichnung! Schau noch einmal gut hin. Und jetzt kommt die Herausforderung: Gelingt es dir auch, sie beide gleichzeitig zu sehen? Wahrscheinlich nicht (oder du hast das Gehirn eines Außerirdischen), denn dein menschliches Gehirn kann den Bikini und Spider-Man nicht zur gleichen Zeit unter die Lupe nehmen. Aufmerksamkeit ist so etwas wie ein Laserstrahl, den man nur auf eine einzige Sache richten kann. Wenn du an etwas denkst, richtest du deinen Laserstrahl genau darauf. Denkst du beispielsweise an deine Lieblingssüßigkeit, ist dir dein großer Zeh in dem Moment nicht bewusst.

Gestalte dein Gehirn

Klopf mal an deinen Schädel. Klingt er hohl? Vielleicht ist da nichts drin, aber wahrscheinlich treibt eine 1-3 Kilo schwere Spaghettikugel in deinem Kopf herum: dein Gehirn. Ein Supercomputer, Millionen Mal stärker als eine PlayStation. Es organisiert alles für dich: was du denkst, fühlst, wie du dich verhältst und und wie du diesen Satz liest.

ECHT WAHR!

WUSSTEST DU, DASS DEIN GEHIRN BEIM LESEN DIESES SATZES GENÜGEND STROM ERZEUGT, UM EINE GLÜHBIRNE ZUM LEUCHTEN ZU BRINGEN?

Dein Supercomputer wächst ganz von selbst: Du legst ständig neue Gehirnzellen an. Aber weil dein Gehirn auch weiterhin in deinem Schädel Platz finden muss, sterben auch Zellen ab – sonst würden sie dir nachher zu den Ohren herauswachsen! Aber wie wird bestimmt, welche Zellen wachsen dürfen und welche absterben?

Das bestimmst du mit deinem Aufmerksamkeitslaser!

Etwas, dem du große Aufmerksamkeit schenkst, entwickelt viele Gehirnzellen. Dieses Wachstum hat einen komplizierten Namen: Neuroplastizität. Wenn du viel zockst, wachsen die Gehirnzellen, die dafür sorgen, dass du bei diesem Spiel immer besser wirst. Hörst du mit dem Zocken auf, verlierst du diese Zellen allmählich wieder und damit auch deine Gaming-Fähigkeiten. Verbringst du viel Zeit mit Grübeln, entwickelst du ein richtiges Grübelgehirn, wodurch du immer mehr und viel schneller anfängst zu grübeln.

Mit deinem Aufmerksamkeitslaser wirst du zum Bildhauer deines eigenen Gehirns – und du bestimmst, welche starken Seiten du entwickelst. Daher ist es sehr wichtig, die Kontrolle über deinen Laserstrahl zu haben. Aber ... hast du ihn denn unter Kontrolle?

Laserfehler

EXPERIMENT 2

Hast du den Fehler im Text unter „Gestalte dein Gehirn" entdeckt?

Ja? Toll! Nein? Dann schau dir den ersten Absatz noch einmal gut an: Im letzten Satz steht das Wort „und" zweimal hintereinander. Du hast darüber hinweggelesen, weil deine Aufmerksamkeit nicht dazu diente, Sprachfehler aufzuspüren. Wenn du dir im Vorhinein vorgenommen hättest, auf Fehler zu achten, hättest du es wahrscheinlich gemerkt.

Ein Superheld mit Augenbinde

Deine Aufmerksamkeit ist nicht nur oft ungenau, sondern auch so hippelig wie ein Affe. Mach doch mal folgendes Experiment:

EXPERIMENT 3

Konzentriere dich auf den Jungen links unten, der heimlich durch die Finger späht, und nicht auf das rechte Bild mit der Gestalt, die schießt. Jedes Mal, wenn du merkst, dass du dich ablenken lässt, zählst du an den Fingern ab. Du kannst von außen abgelenkt werden, zum Beispiel davon, dass dein Bruder rülpst, oder von Dingen in deinem Blickfeld, sodass du schließlich doch auf die schießende Gestalt schaust. Du kannst aber auch von deinen eigenen Gedanken abgelenkt werden, sodass sich deine Aufmerksamkeit auf ganz andere Dinge richtet, etwa deinen bevorstehenden Geburtstag oder die peinliche Bemerkung, die dir im Unterricht rausgerutscht ist. Sobald du alle zehn Finger benutzt hast (also zehnmal abgelenkt wurdest), ist die Übung beendet.

Hast du gemerkt, wie schnell zehn Finger abgezählt waren? Du lässt dich schnell ablenken. Es ist, als wärst du ein Superheld mit Augenbinde, der mit seinem Laserstrahl einfach wild um sich schießt. Im einen Moment richtet sich deine Aufmerksamkeit auf einen Gedanken, danach auf ein Geräusch, dann wieder auf einen anderen Gedanken, danach auf ein Gefühl, und so geht es immer weiter. Nachfolgend ein Beispiel, wie es in deinem Kopf so zugehen kann:

Im Nullkommanichts ist dein Laserstrahl in alle Richtungen geschwenkt, und morgen kommst du ohne Hausaufgaben in die Schule. (Ach ja, das war es!)

Keine Zeitreisen mehr

Forschende schätzen, dass du etwa die Hälfte deiner Zeit mit Tagträumen verbringst und dass dir oftmals gar nicht bewusst ist, worauf sich dein Aufmerksamkeitslaser richtet. Und wovon handeln diese Tagträume? Du wirst von Gedanken über die Zukunft und die Vergangenheit verschluckt, als würdest du im Kopf durch die Zeit reisen. Von dem leckeren Eis, das du gerade isst, schweifst du in Gedanken zu einer bevorstehenden Klassenarbeit, oder du bist in deiner Fantasie wieder beim hübschesten Mädchen/Jungen vom Campingplatz. Oder vielleicht findest du es traurig, dass dein Eis gleich alle ist, obwohl du den Mund noch voll hast. In den Momenten schmeckst du auch gar nicht, wie lecker das Eis eigentlich ist, weil du mit deiner Aufmerksamkeit ganz woanders bist. Schade um das gute Eis!

Noch ein Beispiel: Du räumst den Tisch ab, aber gleichzeitig denkst du daran, dass du jetzt viel lieber auf YouTube wärst. Deswegen räumst du den Tisch ein wenig bockig und unzufrieden ab, wodurch das Ganze noch länger dauert. **Forschende sagen, dass deine Aktivität im Durchschnitt siebenmal langsamer wird, wenn du mit dem Kopf nicht dabei bist.** Du brauchst also siebenmal länger fürs Tischabräumen – und dadurch hast du noch weniger Zeit für YouTube! Außerdem machst du auch mehr Fehler: Du lässt zum Beispiel ein Glas fallen oder vergisst den Spülmaschinentab. Der Grund: Wechselst du zu viel zwischen zwei verschiedenen Aktivitäten hin und her, wird der Akku deines Lasers schneller leer und dein Strahl schwächer.

„STEHST DU MIT EINEM FUSS IN DER ZUKUNFT UND MIT DEM ANDEREN IN DER VERGANGENHEIT, DANN PINKELST DU AUF DIE GEGENWART."

Mein Onkel aus Den Haag

Erledige also deine Haushalts- oder Hausaufgaben mit voller Aufmerksamkeit. Dann wird es weniger blöd, dauert nicht so lange und klappt besser. Unterhältst du dich gerade mit jemandem, schau nicht mal eben auf dein Handy. Sollst du den Abwasch erledigen, lass dich nicht ablenken, indem du von deiner neuesten Flamme träumst, sondern konzentriere dich vollkommen darauf, wie du spülst: Spüre, wie das Wasser über deine Hände fließt und wie du den Teller festhältst. Stell dir zum Beispiel vor, dass du ein Spülroboter bist, der sich hochkonzentriert an die Arbeit macht. Der Vorteil: Die Arbeit wird oft viel angenehmer und ist schneller erledigt.

EXPERIMENT 4

Was machst du diese Woche mit höchster Aufmerksamkeit? Kreuze an:

- ◯ Spülen
- ◯ Hausaufgaben
- ◯ Zähneputzen
- ◯ Zeichnen
- ◯ Radfahren
- ◯ Sport
- ◯ Etwas anderes: ______

DO-IT-YOURSELF-TIPP

Willst du einen Beweis dafür haben, wie schlecht die meisten Leute ihren Aufmerksamkeitslaser einsetzen? Dann unterhalte dich mal in einem Zug, der Bibliothek oder in einem Restaurant mit einer fremden Person („Schönes Wetter heute, was?" Oder so ähnlich). Bitte diesen Menschen, doch kurz auf deine Tasche aufzupassen, weil du zur Toilette musst. Du gehst weg, und kurz darauf kommt ein Freund oder eine Freundin von dir zurück und sagt: „Danke, dass Sie auf meine Tasche aufgepasst haben." Wetten, dass die meisten Menschen den Austausch nicht mitbekommen haben?

Die Superkraft deines Atems

Deinen Aufmerksamkeitslaser kannst du genauso trainieren wie deine Muskeln. Das Training stärkt die Kraft deiner Konzentration, und du kannst selbst bestimmen, worauf du deine Aufmerksamkeit richtest. Damit kannst du dein Gehirn genau so gestalten, wie du es haben möchtest!

Willst du deine Gedanken aus den Zeitreisen in die Zukunft und in die Vergangenheit holen, musst du deinen Laserstrahl auf etwas richten, das jetzt da ist. Und was ist immer da? Dein Atem! Okay, dein kleiner Zeh ist auch immer vorhanden, aber den vergisst du viel schneller. Dein Atem geht ein und aus. Dadurch wird er leichter bemerkt und ist nicht so langweilig wie dein kleiner Zeh. Sobald du auf deinen Atem achtest, steigst du aus den Zeitreisen in deinem Kopf aus und stehst wieder mit beiden Beinen auf dem Boden, im Jetzt. Anschließend bestimmst du, worauf du deine Aufmerksamkeit richten willst. Probiere es aus!

EXPERIMENT 5

Schließe die Augen. Richte deinen Aufmerksamkeitslaser auf die Stelle in deinem Körper, wo du deinen Atem spürst. Zum Beispiel auf deinen Bauch, die Brust oder auf den Luftstrom, den du in deiner Nase fühlst. Du kannst deine Hand auf den Bauch oder die Brust legen und spüren, wie sie sich mit deiner Atmung heben und senken. Sei neugierig auf das, was du da erfährst. Es gibt keine falsche Art zu atmen. Du brauchst dich also gar nicht sosehr anzustrengen, indem du zum Beispiel langsamer oder tiefer atmest. Wenn du merkst, dass dein Kopf auf eine Zeitreise in die Zukunft oder in die Vergangenheit geht, darfst du stolz sein, dass dir das aufgefallen ist. Bringe dann deine Aufmerksamkeit wieder ruhig zu deinem Atem zurück.

Hier kommt ein kleines Beispiel dafür, wie diese Atemübung helfen kann: Stell dir vor, du musst eine Rechenaufgabe lösen. Noch bevor es dir bewusst ist, bist du in Gedanken wieder bei der Kissenschlacht vom Abend zuvor. Damit du von dieser Zeitreise wieder zu deiner Rechenaufgabe gelangst, konzentrierst du dich zuerst auf deinen Atem. Wenn du wieder im Jetzt angekommen bist, richtest du deine Aufmerksamkeit auf das, was du gerade machst. In diesem Fall ist das die Rechenaufgabe, auf die du dich jetzt mit besonders großer Laserkraft konzentrieren kannst.

EXPERIMENT 6

Bitte lies den nebenstehenden „Echt wahr"-Abschnitt. Was würdest du mit dieser Fähigkeit gern erreichen?
Kreuze an!

Bergsitzen

Fällt es dir schwer, dich zu konzentrieren? Dann versuche es mal mit „Bergsitzen". Während du deinen Atem beobachtest, stell dir vor, dass du ein Berg bist. Nicht lachen, bitte, es funktioniert wirklich! Denn egal bei welchem Wetter – ob Regen, Schneesturm oder Sonnenschein –, der Berg bleibt immer ruhig und stark. Der Berg bleibt der Berg. Genau wie der Berg bleibst du ruhig und stark, egal, was du erlebst oder fühlst. Setze dich also aufrecht und möglichst entspannt hin, unerschütterlich und so ruhig wie ein Berg. Jedes Mal, wenn du doch abgelenkt wirst, kehrst du mit deiner Aufmerksamkeit zum Atem zurück.

ECHT WAHR! ES IST WISSENSCHAFTLICH ERWIESEN, DASS ES DIR WIRKLICH ETWAS BRINGT, WENN DU DEINE AUFMERKSAMKEIT REGELMÄSSIG AUF DEINEN ATEM RICHTEST.

- ○ Du wirst gelassener.
- ○ Du grübelst weniger.
- ○ Du hast weniger Angst.
- ○ Du bist gesünder.
- ○ Du wirst glücklicher.
- ○ Du kannst dich besser konzentrieren.
- ○ Du hast dich selbst besser unter Kontrolle.

Du kannst auch den Audiotrack „Bergsitzen" auf www.baumhausbande.com/deinkopfdersuperheld downloaden.

Vielleicht merkst du, dass es ganz angenehm ist, eine Weile wie ein Berg sitzen zu bleiben. Das Schöne daran ist, dass du dich damit auch leicht beruhigen kannst, wann immer du das möchtest. Wenn du es oft übst, kannst du sogar in hektischen Situationen konzentriert bleiben. Dein Laserstrahl bleibt selbst dann megastark, wenn die ganze Klasse sehr laut und abgelenkt ist.

TIPP

Versuche, mit deinem Laserstrahl jeden Tag drei volle Atemzüge zu beobachten. Das funktioniert gut, wenn du feste Zeiten dafür festlegst, zum Beispiel im Unterricht, auf der Toilette, wenn du in einer Schlange anstehst oder während deiner Hausaufgaben. So wird der Aufmerksamkeitslaser in deinem Kopf immer stärker: eine Superkraft in deinem Kopf!

FORDERE DEINE ELTERN HERAUS!

DIE ABLENKUNGS-CHALLENGE

Diese Woche wirst du mit einem Elternteil die Ablenkungs-Challenge angehen! Wie? Das kannst du hier nachlesen.

Stelle einen Wecker auf drei Minuten.

DAS MACHST DU:

Richte deinen Aufmerksamkeitslaser auf deinen Atem. Spüre, wie sich dein Bauch hebt und senkt oder wie die Luft durch deine Nasenlöcher strömt. Halte die Augen unbedingt geöffnet!

Was auch passiert, lass dich nicht ablenken!

DAS MACHEN VATER ODER MUTTER:

Versuchen Sie, Ihr Kind, so gut es geht, abzulenken.

Tanzen Sie zum Beispiel verrückt herum, versprechen Sie ihm etwas („Wenn du dich jetzt bewegst, bekommst du ein Eis“) oder geben Sie seltsame Laute von sich. Sie dürfen alles –nur Ihr Kind nicht berühren.

WANN HAST DU VERLOREN?

Wenn du dich bewegst oder sprichst, hast du verloren.

Schaffst du es, deinen Laserstrahl drei Minuten bei deinem Atem zu halten?

DANN GE-WINNST DU!

TIPP
Dreht die Rollen auch einmal um. Dann darfst du verrückte Sachen machen und deine Eltern ablenken!

Schaffst du es nicht?
Dann musst du diese Woche einmal eine lange und aufrichtige Antwort geben, wenn deine Eltern fragen, wie es heute in der Schule war. Du kommst dann nicht mit einem kurzen „Schön“ oder „Blöd“ davon.

TIPP: ÜBE EINFACH SO LANGE, BIS DU ES SCHAFFST.

GEWONNEN?
Dann darfst du diese Woche einmal auswählen, was gekocht wird.

ABSCHLUSS-CHALLENGE

Übst du lieber mit einem Audiotrack? Dann trainiere mit der Aufnahme „Aufmerksamkeitslaser auf deinen Atem lenken". Die Audiotracks kannst du auf www.baumhausbande.com/deinkopfdersuperheld downloaden.

Aufmerksamkeit

Mache an jedem Tag dieser Woche die Atem-Zähl-Übung.

UND SO GEHT'S:

1. Stelle einen Wecker auf fünf Minuten.

2. Setze dich so locker und entspannt wie möglich hin.
Beobachte deinen Atem dort, wo du ihn am besten spürst: zum Beispiel in deinem Bauch, in der Brust oder in der Nase. Lege eine Hand auf den Bauch oder die Brust, wenn du das angenehm findest.

3. Jetzt fängst du an, deine Atemzüge zu zählen. Beim Einatmen sagst du dir in Gedanken „1" und beim Ausatmen auch. Beim nächsten Einatmen sagst du „2". So machst du weiter bis 10. Dann fängst du von vorn an mit dem Zählen, bis du wieder bei 10 bist. Jedes Mal, wenn du dich verzählst oder dich ablenken lässt, fängst du wieder bei „1" an. Wichtig ist, dass du nicht auf dich selbst wütend wirst, wenn das passiert, denn sonst lässt du dich noch schneller ablenken.

Versuche auch einmal, einfach weiterzuzählen.
Bis wohin kommst du, ohne dass du abgelenkt wirst? Bis 50? Bis 100?
Schau mal, ob du es schaffst, jeden Tag etwas weiter zu kommen.

TIPP: ZÄHLE MIT DEN FINGERN AB.

Mo Di Mi Do Fr Sa So

HAST DU JEDEN TAG DEINEN ATEM GEZÄHLT?

Vergiss nicht, hier und am Anfang des Buchs ein Kreuzchen für den Abschlusspreis zu setzen!

AUF DIESER SEITE BRAUCHST DU DIR ZUM GLÜCK NUR DIE BILDCHEN ANZUSCHAUEN.

UND ZUM SCHLUSS:

Langweiliger Abschnitt für deine Eltern

Mit Aufmerksamkeitstraining lernt Ihr Kind, sich besser zu konzentrieren, sich besser zu beherrschen und besser mit Gefühlen umzugehen.[3] Ermutigen Sie Ihr Kind regelmäßig, Kontakt mit seinem Atem aufzunehmen. Spielvorschlag: „Gib den Atem weiter." Das kann man mit der ganzen Familie am Tisch spielen. Die erste Person atmet in Stille dreimal ein und aus, während sie mit den Fingern in der Luft abzählt (3, 2, 1). Dann ist der oder die Nächste an der Reihe, dreimal den Atem zu zählen. Und so kann man den ganzen Tisch einbeziehen, bis jeder einmal dran war.

3

TRAINIERE DEINEN AUTO-MATISCHEN ROBOTER

Gewohnheiten

EXPERIMENT 1

Verschränke deine Arme. Einfach, oder? Dann mach es jetzt noch einmal und lege dabei den anderen Arm nach oben. Ganz schön schwierig, was? Das liegt daran, dass du das normalerweise nur auf eine Art machst, ohne darüber nachzudenken, weil du es so gewohnt bist. Erst, wenn du es umgekehrt machen sollst, überlegst du bei der Bewegung.

Wenn du etwas nur oft genug machst, führst du die Handlung irgendwann automatisch aus. Als wärst du ein Roboter. Dann wird es zu einer Gewohnheit. Als Baby musstest du das Laufen erst lernen. Aber wenn du heute die Straße überquerst, brauchst du nicht darüber nachzudenken, wie du deinen Fuß hebst oder abstellst. Beim Lesen ist es genauso. Dien Grhein knna sogra atuomaticsh diesen Satz leesn, owbhol dei Rhieenfloge dre Bhucsabten in den Wrotne flacsh ist.

Trinken, Lesen, Laufen, Zähneputzen, Snapchatten, Reden, Denken ... Alles Handlungen, die dein Gehirn mehr oder weniger selbsttätig durchführt, weil du sie schon so häufig gemacht hast. Wir sind also Gewohnheitstiere: Locker neun von zehn Dingen, die du machst (oder denkst), führt dein innerer Roboter automatisch durch!

Zum Glück, denn das spart jede Menge Zeit und Energie. Stell dir nur mal vor, Fußballer müssten sich in einem Spiel bei jedem Schritt erst fragen, wie das mit dem Schießen eigentlich funktioniert!

EXPERIMENT 2

Willst du spüren, wie stark dein innerer Roboter ist? Kreuze eine der Herausforderungen an, die du heute annehmen wirst.

- ○ Benutze deine andere Hand, wenn du die Tür öffnest, winkst und deine Zähne putzt.
- ○ Trage deine Armbanduhr um dein anderes Handgelenk.
- ○ Stelle dich heute auf beide Füße, statt dich nur auf einen zu stützen.
- ○ Ähm ... Benutze den ganzen Tag über keine automatischen Füllwörter wie: eigentlich, halt, also, so richtig (toll, dumm, witzig), du weißt schon.

Dein Roboter an der Macht

Klasse, so ein innerer Roboter, der alles für dich erledigt. Aber was, wenn dein Roboter zu viel Macht über dich hat? Wenn du jede Minute dein Handy checkst, ohne es richtig zu merken? Wenn du immer wieder deine kleinen Geschwister anschnauzt, obwohl du das eigentlich nicht willst?

EXPERIMENT 3

Notiere hier drei Dinge, die du häufig machst, obwohl du das eigentlich nicht willst.
Zum Beispiel: eine öde Aufgabe aufschieben, zu viele Süßigkeiten essen, abfällig über andere Kinder reden, dich in eine stille Ecke auf dem Schulhof verkrümeln, deine Eltern anschreien, weil du deinen Willen nicht bekommst, nicht verlieren können ...

1. ....

2. ....

3. ....

DAGEGEN WERDEN WIR ETWAS UNTERNEHMEN. WIE? LIES SCHNELL WEITER.

ECHT WAHR!

In Indien hatte man einen erwachsenen Elefanten mit einem dünnen Seil an einem Pfosten festgebunden. Plötzlich brach ein Feuer aus. Der Elefant blieb stehen, obwohl er sich problemlos hätte losreißen können. Warum tat er es nicht? In seiner Jugend war er immer mit einer dicken Kette angebunden gewesen. Er hatte versucht, sich zu befreien, es aber nicht geschafft. Also versuchte er es nie wieder – auch nicht, als das Seil nur ganz dünn war. Glücklicherweise gab es bei dem Brand jemanden, der das Seil für ihn löste.

Du bist der Chef über deinen Roboter

Zum Glück brauchst du deine Gewohnheiten nicht abzulegen. Aber es ist trotzdem schön, möglichst viele schlechte Gewohnheiten durch gute zu ersetzen. Völlig gelassen bleiben, wenn du bei Monopoly verloren hast, statt das Spielbrett als Knüppel zu benutzen. Oder vor dem Schlafengehen an schöne Dinge denken, statt dir Sorgen zu machen. Aber wie geht das?

DEINE GEWOHNHEITEN BESTIMMEN, OB DU GLÜCKLICH BIST.

Du hast also einen eigenen Roboter. Den größten Teil des Tages lässt du ihn für dich arbeiten. Aber manchmal möchte dein innerer Roboter etwas, womit du nicht einverstanden bist. Er lässt dich aus Gewohnheit alle Snickers in deiner Tasche allein aufessen, obwohl du sie lieber mit deinem Freund oder deiner Freundin geteilt hättest. Wenn du das ändern möchtest, redest du mal ein ernstes Wort mit deinem inneren Roboter und bestimmst selbst den Kurs. So entscheidest du dich dafür, den Riegel zu teilen, statt ihn allein aufzuessen. Machst du das oft genug, wird das Teilen ganz von selbst zu einer guten Gewohnheit.

Um deine Gewohnheiten abzulegen, rufst du deinem Roboter zu: „HE!“ So richtig laut. Oder du sagst es ganz leise zu dir selbst, wenn du gerade eine Arbeit schreibst. Die Buchstaben HE sind eine Eselsbrücke für das, was du danach machen sollst:

Hole bewusst dreimal tief Luft und spüre den Atem in deinem Bauch, deiner Brust oder in der Nase.

HAST DU VERGESSEN, WIE DAS GEHT? DANN SCHNELL ZURÜCK ZU KAPITEL 2!

Entdecke dann, was du wirklich willst. Es hilft, wenn du dich fragst: „Wenn ich nächste Woche darauf zurückblicke – was hätte ich dann am liebsten gemacht?“

Dein innerer Roboter will zum Beispiel eine nicht gelungene Zeichnung zerreißen und wutentbrannt zertrampeln. **‚HE‘**, sagst du dann zu dir selbst. Du holst dreimal bewusst Luft und fragst dich dann, ob du das wirklich willst. Wenn du in einer Woche darauf zurückblickst, wärst du dann froh, die Zeichnung zerrissen zu haben? Du hattest schon lange daran gearbeitet, vielleicht hättest du noch etwas daraus machen können? Auch wenn deine Zeichnung misslungen ist, hast du zum Glück noch die Wahl, wie du mit der Enttäuschung umgehst. So könntest du akzeptieren, dass sie nicht richtig gut ist, und es noch einmal versuchen. Oder du kannst vielleicht noch ein abstraktes Bild daraus machen (so ein komisches Gemälde, bei dem du einfach nicht verstehst, warum die Leute so viel Geld dafür bezahlen – wer weiß, vielleicht kannst du damit auch ein bisschen was verdienen).

Noch ein Beispiel:
Dein Vater stellt dir einen Teller Rosenkohl hin. Automatisch willst du sagen:

Nicht so richtig nett für deinen Vater, der sich beim Kochen große Mühe gegeben hat.

Sag **‚HE‘** zu deinem Roboter und entscheide dich für eine klügere Reaktion. Zum Beispiel: „Danke fürs Kochen. Ich mag keinen Rosenkohl, aber ich werde ihn noch einmal probieren. Wenn ich dir das nächste Mal beim Kochen helfe, sollen wir dann etwas anderes machen? Zum Beispiel Fritten?“

Ergebnis: Dein Vater freut sich, und du bekommst demnächst deine Fritten! Probiere es doch mal aus.

Merke dir gut, dass du mit deiner HE-Superkraft deinen inneren Roboter beherrschst. Denn wenn du nicht aufpasst, geht dir diese Superkraft im Gedränge verloren. Dann verkrümelst du dich zum Beispiel aus alter Gewohnheit in der Pause wieder auf dem Schulhof, obwohl du doch eigentlich mit den anderen Kindern spielen willst. Du wirst sehen, wenn du das oft genug übst, bleibst du der Chef über deinen Roboter!

EXPERIMENT 4

Trage diese Woche etwas bei dir oder behalte es in der Nähe, was dich daran erinnert, dass du Herrscher über dich selbst bist (du be-herrschst dich buchstäblich) und dass du die Befehle gibst – nicht dein Roboter. Kreuze an, was dir helfen wird, dich daran zu erinnern.

- ◯ Ein Spezialarmband
- ◯ Eine Glücksmünze
- ◯ Ein Zettel mit „HE" an deiner Zimmertür
- ◯ „HE" als Passwort für deinen Computer
- ◯ „HE" auf deine Hand geschrieben
- ◯ ....
  ....

TIPP

DER GEHIRN-ANKER-TRICK

Noch eine Methode, mit der du dich selbst daran erinnern kannst, dass du der Chef bist und nicht dein Roboter: Mache ein Spezialzeichen mit den Fingern, und zwar jedes Mal, wenn du HE benutzt. Berühre zum Beispiel deinen kleinen Finger immer auf dieselbe Weise mit deinem Daumen. Machst du das oft genug, lernt dein Gehirn schon bald, dass du jedes Mal, wenn du dieses Zeichen machst, der Chef bist. Das nennt man auch: im Gehirn verankern. So wird dein Spezialzeichen zur Superkraft.

FORDERE DEINE ELTERN HERAUS!

BESIEGE DEINEN ROBOTER!

Du bist doch sicher stärker als dein innerer Roboter, oder? Beweise es mit dieser Challenge!

Wähle deinen Lieblingssnack (zum Beispiel eine Tüte mit unglaublich leckeren Chips) und lege ihn in eine Schüssel.

Stell die Schüssel in dein Zimmer. Du darfst den Snack aufessen, wann immer du willst!

ABER WIE LANGE KANNST DU DIE FINGER DAVONLASSEN?
Schaffst du es eine ganze Woche lang? Echt? Dann besiegst du deinen Roboter!

DEIN PREIS:
Dein Snack wird verdoppelt. So bekommst du statt einer Tüte jetzt zwei Tüten Chips. (Vielleicht ist es eine gute Idee, deine Beute mit der besten Freundin zu teilen?)

Pass gut auf, wie es sich anfühlt, wenn sich dein Roboter zum Chef über dich aufspielen will. Möglicherweise bekommst du ein nervöses Gefühl im Magen, oder dir läuft das Wasser im Mund zusammen, oder deine Hände scheinen die Tüte ganz automatisch nehmen zu wollen. Je früher du diese Gefühle bemerkst, desto größer ist die Chance, rechtzeitig „HE!“ rufen zu können.

Dein Lieblingssnack wird verdoppelt!

Ist es dir leichtgefallen? Oder hattest du vielleicht schon am ersten Tag den Mund voller Chips? Macht nichts, einfach weiterüben (dann bekommst du jede Woche neues Knabberzeug ☺). Je öfter du „HE“ zu deinem Roboter sagst, desto besser wird er auf dich hören.

ABSCHLUSS-CHALLENGE

Gewohnheiten

Nutze diese Woche jeden Tag mindestens ein Mal die HE-Technik.

Schau in der Liste bei Experiment 3 nach, welche Dinge du oft machst, aber ändern willst. Wie wirst du das lösen? Zum Beispiel: HE, deine kleine Schwester nicht anschnauzen, wenn sie nervt. Oder: HE, statt die Hausaufgaben immer aufzuschieben, machst du sie einfach gleich.

Kreuze an, an welchen Tagen du es versucht hast:

Fällt es dir schwer? Das ist logisch. Dein Roboter braucht ein wenig Zeit, um sich an dein HE zu gewöhnen. Wenn er einmal zu stark ist, dann denk dir einfach: HE, nicht aufgeben, nächstes Mal gewinne ich!

Mo Di Mi Do Fr Sa So

HAST DU JEDEN TAG DEINE HE-KRAFT GENUTZT?

Dann setze hier und auf Seite 13 ein Kreuzchen für deinen Abschlusspreis.

Langweiliger Abschnitt für deine Eltern

Lassen Sie Ihr Kind möglichst oft selbst entscheiden, beispielsweise über Taschengeld, Freizeitbeschäftigungen oder darüber, wie spät es aufsteht. Das stärkt seine Autonomie und die Fähigkeit, selbst den Autopilot-Modus zu verlassen. Sie können aber auch Vorschläge machen, die Sie alle akzeptieren würden, und Ihr Kind daraus wählen lassen. Übrigens vergessen Eltern auch oft, dem Kind zu gratulieren, dass es selbst eine Wahl getroffen hat, vor allem, wenn sie selbst lieber eine andere Entscheidung gehabt hätten.[4]

4

SEI KÖNIG IM EIGENEN KOPF

Gedanken

Während du diesen Satz liest, wird in deinen Nieren Urin produziert, ob du das nun willst oder nicht. Dein Gehirn macht auch selbsttätig Dinge, es produziert unablässig Gedanken, ganz ohne dein Zutun. Glaubst du mir nicht?

EXPERIMENT 1

Denk jetzt mal nicht an den Jungen/das Mädchen aus der Klasse, der/die dir so gut gefällt. Oder versuche, dir für einen Augenblick keinen Zahnarzt mit einem verfaulten, schmutzigen, gelben Gebiss vorzustellen. Nein, du sollst jetzt damit aufhören. Was habe ich gerade gesagt?

Hat nicht geklappt, oder? **Es funktioniert einfach nicht, mit dem Denken aufzuhören.** Genauso wenig kannst du deine Nieren dazu bringen, keinen Urin mehr zu produzieren. Aber worum geht es da eigentlich, bei diesen nicht zu stoppenden Erfindungen unseres Gehirns? Gedanken sind Worte, die du zu dir selbst sagst, ohne sie laut auszusprechen, so etwas wie Stimmen in deinem Kopf. Das können auch Bilder sein, zum Beispiel, wenn du dir vorstellst, einen tollen Jungen oder ein Mädchen zu küssen. Im Durchschnitt hast du jeden Tag rund 50.000 Gedanken. Die kannst du längst nicht immer alle behalten. Die meisten rasen wie Rennwagen über die Autobahn deines Gehirns. Sie sind so schnell, dass dir nicht einmal bewusst ist, was du denkst. Gut möglich also, dass auch deine Eltern oft nicht einmal wissen, was sie denken!

EXPERIMENT 2

Höre auf zu lesen und pass in den nächsten Minuten gut auf, was du denkst. Zeichne die Gedanken, die du gehabt hast, in die Autos in diesem Kopf.

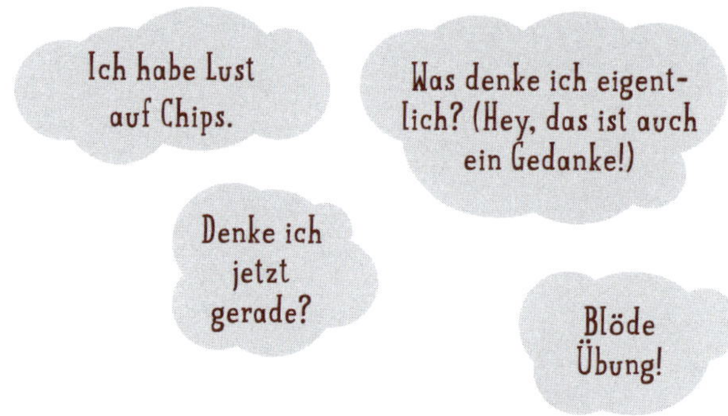

Hast du gemerkt, dass du ganz unterschiedliche Gedanken in die Autos geschrieben hast? Die meisten überkommen dich einfach so. Sie rasen über die Autobahn in deinem Kopf und pfeifen auf sämtliche Verkehrsregeln. Du als Verkehrspolizist musst machtlos dabei zuschauen, ein Stoppschild in der Hand. Nicht mal gegen die gemeinen, unfreundlichen, gewalttätigen oder schmutzigen Gedanken kannst du viel machen. Eigentlich ist das ja angenehm: Dann brauchst du dich dafür auch nicht schuldig zu fühlen oder dich zu schämen. Es ist überhaupt nichts Schlimmes an solchen Gedanken, die haben wir alle mal. **Sogar deine liebe Oma denkt manchmal an seltsame, eklige oder gemeine Dinge.** Wenn sie das abstreitet, lügt sie (auch das noch!).

Du entscheidest also nicht immer darüber, was du denkst. Aber du hast trotzdem die Superkraft in dir, dich nicht von deinen Gedanken beeinträchtigen zu lassen. Dieses Kapitel verrät dir Tipps und Tricks, damit du den Verkehr in deinem Kopf in gute Bahnen lenken kannst. Manchmal kreisen die Gedanken in deinem Kopf wie ein

TRICKSE DEIN GEHIRN AUS

Auto, das im Kreisverkehr unaufhörlich Runden dreht. Gehen diese immer gleichen Quälgeister einfach nicht weg? Dann richte deine Aufmerksamkeit für einige Minuten zum Beispiel auf deinen Atem oder auf das Gefühl in deinen Fußsohlen. Du kannst deine Aufmerksamkeit nämlich immer nur auf eine einzige Sache richten. Das ist jetzt praktisch! So hat dein Gehirn für einen Moment Ruhe vor all diesen Schreckgespenstern in deinem Kopf.

HAST DU VERGESSEN, WIE DAS GEHT? DANN SCHNELL ZURÜCK ZU KAPITEL 2!

Höre dir diese Woche mindestens zweimal die Audioaufnahme „Auf Abenteuertour in deinem Körper" an. Du kannst die Audiotracks auf www.baumhausbande.com/deinkopfdersuperheld downloaden.

Lügen deine Gedanken?

Innerhalb einer Minute kannst du problemlos zehn oder zwanzig Gedanken haben. Aber ist alles, was du denkst, auch wahr? Lies mal hier unten.

Chris geht zur Schule. Sie macht sich Sorgen um die Mathestunde. Gestern hat sie es nicht geschafft, die Klasse ruhig zu halten. Das ist aber schließlich auch nicht die Aufgabe einer Hausmeisterin.

Wahrscheinlich hat sich Chris in deinem Kopf vom Schüler in eine Schülerin, eine Lehrerin und dann in eine Hausmeisterin verwandelt. Ohne dass es dir bewusst war, hattest du Gedanken über Chris, die sich später als falsch herausstellten. Manchmal sind deine Hirngespinste einfach Erfindungen, die überhaupt nicht stimmen. Im Text über Chris ist das kein großes Problem. Doch im richtigen Leben kann dir das im Weg stehen. So denkst du vielleicht, dass ein Freund ziemlich wütend auf dich ist, aber er war einfach nur schlecht gelaunt, und das hatte gar nichts mit dir zu tun.

Fieslinge und Fans

EXPERIMENT 3

Denke zehnmal hintereinander: Ich kann nichts. Wie fühlst du dich dann? Und jetzt sag dir zehnmal hintereinander: Ich kann sehr viel. Was fühlst du jetzt, spürst du einen Unterschied?

„DU SOLLTEST NICHT ALLES GLAUBEN, WAS DU DENKST."

Loesje

Vielleicht hast du bei der Übung gemerkt, dass die Stimmen in deinem Kopf unglaublich stark sind. Sie machen dich ängstlich, wütend, traurig, froh, schwach oder, im Gegenteil, ganz stark, obwohl sie nicht einmal wahr sein müssen! Denkst du zum Beispiel vor einer Klassenarbeit: „Ich kann nicht rechnen", fühlst du dich anschließend ganz elend, wodurch du dich nicht so gut konzentrierst und vielleicht eine schlechte Note bekommst. Wenn du denkst: „Ich werde heute mein Bestes geben", fühlst du dich besser, was wahrscheinlich auch zu einer besseren Note führen wird. In derselben Situation kannst du also verschiedene Gedanken haben, die dich entweder quälen oder unterstützen. Deine Gedanken lassen sich sozusagen in zwei Teams aufteilen: in Fieslinge und Fans. Beispiele für das, was Fieslinge sagen: Das klappt nicht, ich bin dumm, die Lehrerin ist schuld, andere sind besser, ich kann nichts. Und hier ein paar Beispiele für Dinge, die unterstützende Fans sagen: Ich strenge mich wenigstens an, ich kann ja auch sehr viel, ich darf Fehler machen, ich bin okay. Du hast also so eine Art Fanclub in deinem Kopf. Hier folgen noch ein paar Beispiele.

Situation	Was denkst du?	Wie fühlst du dich?
Du stehst neben dem beliebtesten Mädchen der ganzen Schule.	**Fiesling:** Ich bin hässlich. Andere Kinder sind viel hübscher. **Fan:** Okay, sie ist wirklich hübsch, und ich habe auch was zu bieten. Ich habe schöne Locken und bin superhilfsbereit.	
Tim hat dich nicht zu seiner Party eingeladen.	**Fiesling:** Tim ist ein Idiot. **Fan:** Vielleicht kann ich was Schönes mit jemand anderem unternehmen.	
Du hast eine Fünf auf dem Zeugnis.	**Fiesling:** Ich bin dumm und kann nichts. **Fan:** Ich habe mich jedenfalls angestrengt. Wie kann ich dafür sorgen, dass es beim nächsten Mal besser klappt?	

EXPERIMENT 4

Überlege dir eine Situation, die du schwierig findest. Du glaubst zum Beispiel, dass andere hinter deinem Rücken über dich lachen, schiebst Dinge vor dir her oder musst früh ins Bett. Vervollständige nun selbst das nachfolgende Schema wie auf der vorigen Seite.

Wenn dir das zu schwierig ist, kannst du auch jemanden bitten, dir dabei zu helfen, zum Beispiel deine Eltern, deine ältere Schwester oder deinen besten Freund. Du kannst auch schon einmal heimlich bei der Abschluss-Challenge nachschauen, da stehen noch mehr Beispielsätze für Fieslinge und Fans.

Situation	Was denkst du?	Wie fühlst du dich?
....	**Fiesling:**	
....	....	◯
....	....	
....	**Fan:**	
....	....	◯
	....	

Du bist natürlich nicht scharf auf Fieslinge. Weg mit ihnen! Aber wie gehst du dabei vor? Indem du sie auf frischer Tat ertappst. **Gib dir selbst ein dickes Like, wenn du einen Fiesling in deinem Gehirn bemerkst.** „Hab ich dich!"

Denn es ist ganz großartig, einen solchen Fiesling zu erwischen – zwischen all den anderen Gedanken, die in deinem Kopf so vorbeisausen. Sei also nicht auf dich selbst wütend, dass er dort ist, sondern im Gegenteil: Sei stolz, dass du ihn erwischt hast! Anschließend kannst du ihn ignorieren und dir einen Fan-Gedanken überlegen, der dir hilft.

ECHT WAHR! Wusstest du, dass es Erwachsenen sehr schwerfällt, Fieslinge durch Fans zu ersetzen? Oft haben sie das in deinem Alter nämlich nicht gelernt, aber du hast Glück und lernst es jetzt! Frag deine Eltern mal, welche Fieslinge in ihrem Kopf so hausen. Vielleicht kannst du ihnen ja helfen, ihre Fans zu finden, also die Gedanken, die deinen armen Eltern helfen können.

Hast du in dieser Woche einen Fiesling-Satz, der einfach in deinem Kopf hängen bleibt, und du weißt nicht so genau, was du damit machen sollst? Dann lass diesen Gedanken ruhig herumrasen. Bleib am Straßenrand und winke ihm zu. Tschüs! Vielleicht denkst du: Ich bin dumm. Dann sagst du dir: „Immer mit der Ruhe, du hektischer Kopf, du spuckst wieder einen Gedanken nach dem anderen aus, dafür kannst du auch nichts." Oder: „Schau mal einer an, da rast ja wieder ein Gedankenauto in meinem Kopf herum."

TIPP

Bist du dir nicht sicher, ob das in deinem Kopf ein Fiesling oder ein Fan ist? Stell dir diese beiden Fragen:

1. Ist dieser Gedanke wahr?

2. Hilft mir dieser Gedanke?

Zum Beispiel: Mathe kapiere ich sowieso nie! 1. Ist das wahr? Nicht ganz. Ich habe zwar oft eine Fünf, aber manchmal auch eine Vier. 2. Hilft mir dieser Gedanke? Nein, meine Mathearbeit wird dadurch noch schlechter.

MÜSSEN!

Du musst diesen Abschnitt lesen! Hast du jetzt Lust dazu? Nur wenige Worte sind so nervig wie das Wort „müssen". Niemand findet es angenehm, Dinge zu müssen, und es schluckt Energie. Merkwürdig, dass du es dir trotzdem oft selbst sagst. Versuche mal Folgendes: Immer, wenn du in Gedanken das Wort „müssen" benutzt, ersetzt du es einfach durch „werden", „wollen" oder „dürfen". Statt: „Ich muss meinen Teller leer essen", denkst du dann: „Ich werde meinen Teller leer essen." Wetten, dass deine Laune schon allein dadurch deutlich steigt?

FORDERE DEINE ELTERN HERAUS!

GEDANKENREKORD

Hopp, hopp, hole deine faulen Eltern mal wieder vom Sofa! Zeit für eine neue Challenge.

Stelle einen Wecker auf zwei Minuten.

Sowohl du als auch dein Vater und deine Mutter schreiben in dieser Zeit alle Gedanken auf, die vorbeikommen.

Wer die meisten Gedanken aufgeschrieben hat ...

Ein Schreibfehler mehr oder weniger? Egal! Einfach so schnell wie möglich.

GEWINNT!

***TIPP** (NICHT FÜR DEINE ELTERN!)*
Denk einfach vorher: ICH WERDE GEWINNEN.
Gut möglich, dass du es schaffst!

PREIS

GEWONNEN?

Wenn du gewinnst, darfst du bestimmen, welchen Nachtisch es gibt!

Diese Übung kannst du auch sehr gut für dich allein machen, wenn du nervige Gedanken hast. Schreib sie alle auf Papier. Knülle das Blatt anschließend zusammen und wirf diese fiesen Gedanken buchstäblich in den Papierkorb. Also wirklich auf Papier schreiben, sonst musst du den Computer oder das Handy in den Müll werfen!

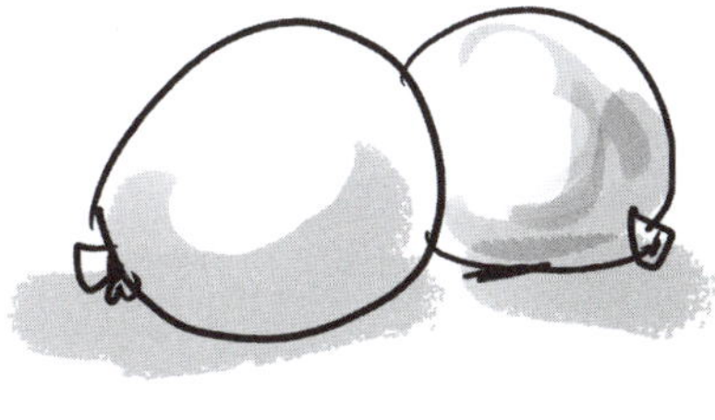

ABSCHLUSS-CHALLENGE

Versuche, jeden Tag mindestens ein Mal einen Fiesling in deinen Gedanken zu bemerken.

Gedanken

Vergiss dann nicht, dir selbst ein dickes Like zu geben, wenn es geklappt hat.

Fiesling ertappt? Dann überlege dir, welcher Gedanke dir helfen könnte. Du brauchst dabei nicht besonders originell zu sein, Hauptsache, es funktioniert für dich. Wiederhole diesen Satz dann so oft, wie es dir angenehm ist. Hier folgen einige Sätze, die du verwenden kannst. Kreise die Gedanken ein, die du ausprobieren willst.

DAS GEHT TOTAL SCHIEF.
Ich kann nicht im Vorhinein wissen, ob es schiefgeht. Ich versuche es einfach.

ICH MUSS DAZUGEHÖREN.
Wie ich über mich denke, ist wichtiger als das, was andere über mich denken.

ICH DARF KEINE FEHLER MACHEN.
Dinge dürfen schiefgehen, aus Fehlern kann ich lernen.

ICH BIN DUMM/EIN VERSAGER.
Ich bin okay, auch wenn ich gerade keine guten Leistungen bringe.

NIEMAND VERSTEHT MICH.
Nicht jeder versteht mich, aber manche Menschen schon, zum Beispiel mein Onkel.

SIE WOLLEN NICHTS MIT MIR ZU TUN HABEN.
Ich gehe lieber mit Menschen um, die mich nett finden, so, wie ich bin.

ICH HASSE SIE!
Ich lasse sie!

ICH SCHLAGE SIE ZUSAMMEN.
Ich behandele andere so, wie ich selbst behandelt werden möchte.

Mo Di Mi Do Fr Sa So

HAST DU JEDEN TAG EINEN FIESLING DURCH EINEN FAN ERSETZT?

Dann setze hier und am Anfang des Buchs ein Kreuzchen für den Abschlusspreis!

Langweiliger Abschnitt für deine Eltern

Wenn Ihr Kind negative Gedanken äußert, dementieren Sie diese nicht (beispielsweise, indem Sie sagen: „Ach, Quatsch, das stimmt doch gar nicht!" – oder eine Variante davon), sondern fragen Sie nach, ob diese negativen Gedanken wahr sind und ob sie helfen. So lernt das Kind selbst, konstruktiv mit seinen lähmenden Gedanken umzugehen. Vergessen Sie auch nicht zu fragen, welche Gedanken helfen könnten.[5]

5

ENTWICKLE HELDENMUT

Ehrlichkeit

Stell dir mal vor, deine Lieblingstante möchte ein Spiel mit dir spielen. In eine Schachtel hat sie ein Geschenk für dich gelegt. Wenn du rätst, was in dem Päckchen ist, darfst du es behalten. Sie muss plötzlich zur Toilette und warnt dich, nicht zu schummeln. Würdest du einen blitzschnellen Blick in die Schachtel werfen?

Forschende haben dieses Spiel mit vielen Kindern gespielt. Vorher sagten fast alle Kinder, dass ihnen Ehrlichkeit sehr wichtig ist und sie deswegen nicht hineinschauen würden. Aber wenn die Wissenschaftler dann den Raum verließen, stellte sich heraus, dass fast alle Kinder heimlich in die Schachtel guckten. Und wenn die Forschenden nach ihrer Rückkehr fragten, ob die Kinder nachgesehen hätten, logen sie unverfroren: „Aber nein!"

EXPERIMENT 1

Erinnere dich an den heutigen Tag und wie oft du geflunkert hast. Schreibe deine Antwort in den Kreis:

Willst du wissen, ob diese Lügenbolde trotzdem ihr Geschenk bekommen haben? Ja! Die Forschenden taten nämlich so, als wüssten sie nicht, dass die Kinder geschummelt hatten.

Wenn du jetzt glaubst, Kinder würden viel lügen: Erwachsene sind noch viel schlimmer! Die meisten erzählen ungefähr drei Lügen am Tag. Zum Beispiel, dass das eklige Essen lecker schmeckt, wenn ihr bei Opa zu Besuch seid. Oder sie denken sich eine Ausrede aus, wenn sie keine Lust auf eine Verabredung haben (wahrscheinlich nehmen sie hin und wieder sogar dich als Ausrede!). Während die meisten Erwachsenen Ehrlichkeit für die allerwichtigste Eigenschaft halten, gelingt es ihnen nicht immer, selbst auch ehrlich zu sein.

Ist Lügen schlimm?

EXPERIMENT 2

Stell dir einmal vor, du könntest einen Zaubertrank trinken, der dafür sorgt, dass du nicht mehr lügst und immer nur die Wahrheit sagen kannst. Würdest du ihn trinken?

JA! NEEEIIN

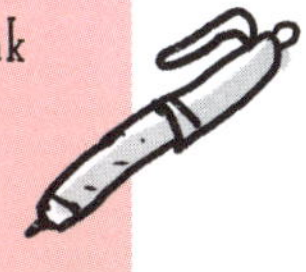

UND JETZT UMBLÄTTERN ... ZUMINDEST, WENN DU NICHT GELOGEN HAST!

Hast du bei Experiment 2 „ja“ angekreuzt? Dann bist du eine Ausnahme und traust dich tapfer, die Wahrheit zu sagen. Aber die meisten Menschen entscheiden sich für „nein“. **Wovor hättest du Angst, wenn du nie mehr schwindeln könntest?** Dass du nie wieder ungestraft heimlich etwas machen könntest? Dass du jedes Mal, wenn dein Lehrer fragt, ob du gespickt hast, ehrlich gestehst, dass du tatsächlich abgeguckt hast? Dass du nicht lügen kannst, du hättest noch keinen Keks bekommen, damit du noch einen kriegst? Oder vielleicht möchtest du niemanden unbeabsichtigt verletzen, weil du sagst, was du wirklich meinst? Zum Beispiel, wenn deine beste Freundin fragt, wie ihr die neue braune Winterjacke steht, und du sagst: „Ach herrje, du siehst aus wie ein Kuhfladen mit einem sprechenden Kopf.“ **Lügen erscheint dir also praktisch:** geringere Strafe, kein Streit, und du denkst, dass du öfter bekommst, was du willst.

EXPERIMENT 3

Stell dir mal vor, die Werbung würde plötzlich die Wahrheit sagen!
Überlege dir hier deine eigene „ehrliche“ Reklame:

Lügen scheint praktisch zu sein, aber der Schein trügt. Denn am Ende bekommst du häufiger Strafen, Streit und seltener deinen Willen. Oft kommt die Lüge ans Licht, weil du dich verplapperst oder weil dich jemand (aus Versehen) verrät. Dann musst du doch noch die Wahrheit sagen. Peinlich! Und auch wenn du damit durchkommst, merken andere oft doch, dass da etwas nicht stimmt. **Dein Körper ist nämlich ziemlich schlecht im Lügen:** Du bekommst einen Knoten im Magen, du wirst rot oder schaust weg. Vielleicht hast du auf diese Weise sogar schon selbst mal gemerkt, dass dich jemand anlügt.

„GIB MIR LIEBER EINEN SCHLAG MIT DER WAHRHEIT ALS EINEN KUSS MIT EINER LÜGE."

Russisches Sprichwort

Kleine Lügen (wie heimlich ein Bonbon nehmen) führen dazu, dass du vielleicht auch bei größeren Dingen leichter lügst (heimlich Geld aus dem Geldbeutel deiner Eltern nehmen). So musst du dir immer mehr Lügen merken, damit du dich nicht selbst verrätst. Du gerätst in ein Netz aus Unwahrheiten. Schwindelst du oft, vertrauen dir Freunde, Familie und Lehrerinnen nicht mehr. Angenommen, du erzählst dann wirklich einmal die Wahrheit, zum Beispiel, dass du die Keksdose nicht geleert hast (sondern dein Bruder oder deine Schwester), dann wird dir niemand mehr glauben. Lügen ist damit so ähnlich, als würdest du aus dem Mund pupsen! Nicht nur du, sondern auch diejenigen, die du angelogen hast, bekommen dann den Gestank ab.

Wer ehrlich ist, hat das Sagen

Wenn du versuchst, die Wahrheit zu sagen, ist das vielleicht manchmal schwierig, aber letzten Endes fühlst du dich besser, andere vertrauen dir und finden dich netter. Lies die folgende Geschichte und entdecke einen weiteren Vorteil!

Gemeine Geschichte

Es ist Wochenende. Daan sitzt an seiner PlayStation und kauft heimlich ein paar Credits für sein Spiel. In dem Moment, als er „Bezahlen" anklickt, kommt seine Schwester Sanne ins Zimmer. Sie weist ihn darauf hin, dass er das gar nicht darf. Daan antwortet: „Kümmere dich um deinen eigenen Kram", und spielt weiter. Ihre Mutter kommt herein und fragt, worauf die Kinder Lust haben. Daan möchte schwimmen gehen, aber Sanne sagt zuckersüß: „Du willst doch bestimmt lieber mit mir shoppen, nicht wahr, Daan? Du kaufst doch so gern ein, oder?" Daan befürchtet, seine Schwester könnte ihn verraten, und macht, was sie will. Später tut es ihm leid, und er beichtet, was er getan hat. Natürlich hatte seine Mutter das schon längst auf ihrer Bank-App gesehen. Sie ist froh, dass er es von sich aus erzählt hat.

Du siehst: Wenn du lügst, können Menschen dich erpressen. Wenn du die Wahrheit sagst, erleichtert dich das nicht nur, sondern du stehst auch viel stärker da, weil du von niemandem etwas zu befürchten hast.

Freundliche Wahrheit

Aber gut, jetzt fragst du dich vielleicht: Was soll ich denn dann der Freundin mit der braunen Winterjacke sagen? Wie bleibe ich ehrlich, ohne andere Menschen zu beleidigen oder ihnen wehzutun? Der Trick ist:

Sag die Wahrheit und nimm zugleich Rücksicht auf dein Gegenüber.

Sage zum Beispiel der Freundin in der braunen Winterjacke: „Ich bin froh, dass du dich so darüber freust“, oder: „Es ist nicht mein Geschmack, aber zum Glück mögen wir unterschiedliche Dinge. Das macht unsere Freundschaft so schön.“ Oder: „Es fällt mir schwer, es zu sagen, aber weil du eine so gute Freundin bist, möchte ich ehrlich zu dir sein. Eigentlich finde ich, dass dir diese Jacke nicht steht, und ich will nicht, dass du dich blamierst.“ So sagst du zwar die Wahrheit, aber die Wahrscheinlichkeit, dass du jemanden verletzt, wird viel kleiner. Und schließlich ist es für dein Gegenüber oft viel angenehmer, die Wahrheit zu hören. Darum solltest du es auch unbedingt sagen, wenn jemand ein Stückchen Spinat zwischen den Zähnen hat, sonst läuft er oder sie noch den ganzen Tag damit herum!

TIPP

Übe diese Woche so oft wie möglich, die Wahrheit zu sagen und dabei auf dein Gegenüber Rücksicht zu nehmen. Stelle dir bei allem, was du sagen willst, diese beiden Fragen:

1. Stimmt es?
2. Ist es freundlich?

So erinnerst du dich selbst daran, die freundliche Wahrheit zu sagen.

SICH ZU TRAUEN, DIE FREUNDLICHE WAHRHEIT ZU SAGEN, IST EINE SUPERKRAFT!

Es gehört zu den tapfersten und heldenhaftesten Dingen, die du tun kannst. Wenn du übst, öfter die freundliche Wahrheit zu sagen, wird es dir immer leichter fallen, und du wirst dich immer besser fühlen.

FORDERE DEINE ELTERN HERAUS!

DER LÜGENTEST

Wie gut können deine Eltern eigentlich lügen? Und du? Bist du meisterhaft im Lügen, oder durchschauen deine Eltern deine Lügen sofort? Kurzum …

MACH DEN LÜGENTEST!

Du spielst dieses Spiel zum Beispiel mit deinem Vater:

Er überlegt sich drei kleine Geschichten zu Dingen, die eigentlich nicht erlaubt waren (Süßigkeiten stibitzen, Schule schwänzen oder noch schlimmer … Lügen). 😎

- Zwei seiner Geschichten stimmen, das hat er wirklich irgendwann einmal getan.
- Eine Sache hat er nie gemacht. Eine Lüge also!

Weißt du es? Welche der Geschichten ist gelogen?

Jetzt bist du dran:

Erzähle zwei Ereignisse, die wahr sind, und eine Sache, die nicht stimmt.

Kann dein Vater jetzt erraten, welche Lüge du ihm auftischst?

Versuche, das Spiel in dieser Woche öfter zu wiederholen.
War es schwierig?
Wie konntest du die Lüge bei deinem Gegenüber entdecken? Hast du gemerkt, dass es sich anders anfühlt, wenn du eine Lüge auftischst, statt die Wahrheit zu sagen?

Wenn du es geschafft hast, deine Eltern zweimal bei einer Lüge zu erwischen, darfst du diese Woche eine halbe Stunde länger fernsehen oder zocken.

ABSCHLUSS-CHALLENGE

Deine Eltern lügen also auch hin und wieder. Um ihnen dabei zu helfen, es in Zukunft seltener zu tun, vereinbart ihr ein Codewort. Zum Beispiel „Shinjitsu“ (Wahrheit auf Japanisch) oder ein Wort, das es gar nicht gibt, wie „Soßenfettpickel“. Wenn jemand dieses Wort sagt, muss der andere die Wahrheit sagen und darf nicht lügen.

UNSER CODEWORT IST:

....

Achtung: Jeder darf das Wort nur einmal pro Woche sagen. Setze es also clever ein!

DEINE UNTERSCHRIFT	UNTERSCHRIFT(EN) DEINER ELTERNTEILE/ERZIEHENDEN
....	....

HAST DU DICH AN DEN EHRLICHKEITSVERTRAG GEHALTEN? YES, CHALLENGE GEMEISTERT!

Setze dann hier und am Anfang des Buchs ein Kreuzchen für den Abschlusspreis! ◯

Langweiliger Abschnitt für deine Eltern

NICHT LÜGEN: DU BIST FROH, DASS DU DAS NICHT LESEN MUSST!

Studien zeigen, dass man Kinder lieber dafür belohnen sollte, wenn sie die Wahrheit sagen, als sie für ihre Lügen zu bestrafen. Auf diese Weise lügen sie viel seltener. Der Zaubersatz, der bei der Schachtelspiel-Studie (siehe Kapitelanfang) den meisten Effekt hatte, war: „Ich werde nicht böse auf dich sein, wenn du heimlich doch geguckt hast, und ich werde richtig froh sein, wenn du die Wahrheit sagst.“ Natürlich wirkt dieser Satz nur, wenn er auch wirklich so gemeint ist![6]

6

BEGEGNE DEINEN FÜNF SUPER-VERBÜNDETEN

Gefühle

WHAAAA! ALLMÄHLICH WIRD ES RICHTIG UNHEIMLICH!

Stell dir mal vor, du könntest keine Gefühle wahrnehmen. Gar nicht so schlecht, oder? Nie mehr vor Angst schlottern, vor Wut schreien oder vor Kummer weinen. Leider auch nie mehr vor Freude jubeln. Dieser Zustand existiert wirklich. Es gibt einen Mann, Caleb, der damit nichts anfangen kann. Er leidet an der Krankheit „Alexithymie", aber du darfst sie auch ruhig „Gefühlsblindheit" nennen. Manchmal sieht er sein Leiden als einen Vorteil. Er kann zum Beispiel immer ruhig und besonnen bleiben, auch bei Stress und in Notlagen, sogar bei dem einen Mal, als ihn sein Chef ausschimpfte: „Hey, du lahmer Lulatsch, noch einmal, und ich entlasse dich! Du arbeitest ja langsamer als eine ausgetrocknete Schnecke!" Die Schimpfworte machten ihm nichts aus. Er war sogar dankbar für die Kritik, denn jetzt fing er an zu überlegen, wie er vielleicht schneller werden könnte. So konnte er sich wenigstens verbessern. Der große Nachteil ist, dass er nicht spürt, ob eine Schlussfolgerung die richtige ist. Er kann stundenlang über eine einfache Entscheidung nachsinnen, beispielsweise, welche Schokocreme er kaufen soll. Er spürt dann nicht, ob seine Wahl angenehm oder unangenehm ist.

CALEBS 12. GEBURTSTAG

Die Kraft, sich elend zu fühlen

Es hat also seine Vorteile, nicht alles zu spüren, aber würdest du mit Caleb tauschen wollen? Bestimmt nicht. Gefühle aller Art, auch die unangenehmen, sollen dir helfen. Sie sind deine Alarmglöckchen in Kopf und Körper, die dir sagen, dass etwas wichtig ist für dich. Sie geben dir einen Tritt in den Hintern, damit du etwas unternimmst.

Stell dir deinen Kopf als Kommandozentrale vor, in der die Alarmglocken läuten. Es gibt fünf Grundgefühle, die dich warnen: die 5 GGs. Klingt ein wenig wie der Name einer Popband!

DIE SUPERKRÄFTE DER 5 GGs

Freude spornt dich an, etwas häufiger zu tun oder dranzubleiben. Zum Beispiel, wenn du deine Freundin oder deinen Freund küsst.

Wut motiviert dich, Dinge zu verändern, mit denen du nicht einverstanden bist. Wenn deine Zwillingsschwester später ins Bett darf als du, bist du sauer. Du willst genauso spät ins Bett, denn du willst gleichbehandelt werden.

Angst sagt dir, dass du aufpassen und vorsichtig sein musst. Sie hält dich zum Beispiel davon ab, in der Klasse nackt auf dem Tisch zu tanzen und zu rufen: „Kleidung ist out. Der Nacktanzug liegt voll im Trend!“

Kummer hilft dir, Enttäuschungen zu verarbeiten, damit du weitermachen kannst. Wenn du traurig bist, weil du ein Tennisturnier verloren hast, verarbeitest du diese Niederlage und kannst anschließend mit neuer Energie für den nächsten Wettkampf trainieren.

Abneigung oder auch Ekel sorgen dafür, dass du die Finger von Dingen lässt, die nicht gut für dich sind, wie Fieslinge, verdorbene Eier und Rosenkohl. ☺

In den folgenden fünf Kapiteln nehmen wir diese fünf Grundgefühle noch weiter unter die Lupe. Es ist nämlich superpraktisch, wenn du sie besser kennenlernst.

Fasse in Worte, was du fühlst

EXPERIMENT 1

Mach ein Kreuzchen bei dem Emoji, der angibt, wie du dich jetzt fühlst. Wie würdest du ihn in Worte fassen?

Zu beschreiben, wie du dich fühlst, ist ziemlich schwierig. Auch Erwachsene wissen das oft nicht so genau. Sie können nicht mehr erklären als: „Ich finde es nicht angenehm.“ Oder: „Es fühlt sich gut an.“ Wie kommt das? Mach das folgende Experiment.

EXPERIMENT 2

Wenn du traurig, wütend oder ängstlich bist, was sagen dann deine Eltern? Kreuze an.

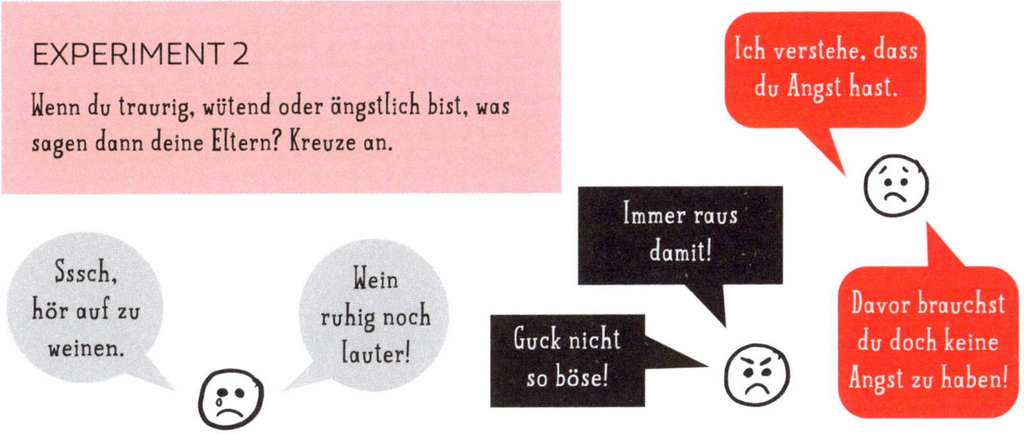

Viele Erwachsene bringen dir bei, nicht auf deine Gefühle zu hören und sie zu verstecken. Die Wahrscheinlichkeit, dass deine Eltern auch so von deinen Großeltern erzogen wurden, ist groß. Und dein Opa und deine Oma wiederum wurden von ihren Eltern so erzogen. Dadurch fällt es deinen Eltern vielleicht genau wie dir schwer, Gefühle in Worte zu fassen. Trotzdem ist das um einiges leichter, als du denkst. Du brauchst nur fünf Worte zu behalten: die fünf Grundgefühle. Alle anderen Emotionen leiten sich davon ab, genau wie du mit den Grundfarben Rot, Gelb und Blau jede andere Farbe mischen kannst. So ist Scham wegen einer Sechs auf dem Zeugnis eine Mischung aus Angst (vor der Reaktion deiner Eltern) und Wut auf dich selbst (weil du dich vielleicht nicht genügend angestrengt hast). Unter Freude fallen alle Emotionen, bei denen du dich gut fühlst, zum Beispiel Gelassenheit, Begeisterung oder Verliebtheit.

Deine Gefühle in Worte zu fassen kann dir wirklich helfen. Denn wenn du lernst, sie zu benennen, weißt du besser, was du brauchst. Wird dir zum Beispiel bewusst, dass du dich für dein Zeugnis schämst, weißt du, was dir helfen kann: dich das nächste Mal sehr anstrengen (damit du nicht wieder auf dich selbst wütend werden musst) und deine Eltern gleich um eine Reaktion bitten (damit du keine Angst mehr davor haben musst), statt dein Zeugnis unter dem Bett zu verstecken.

ECHT WAHR!

Aus Studien geht hervor, dass du dich schneller wieder beruhigst, wenn du deinen Gefühlen einen Namen gibst.

EXPERIMENT 3

Du kannst also mehrere Gefühle gleichzeitig haben. Und für all diese gemischten Gefühle kannst du dir selbst neue Worte ausdenken. Nachfolgend findest du ein paar Gefühlsmischungen.

Eiferliebt: Du bist eifersüchtig und verliebt zugleich.
Du bist eifersüchtig, weil die Person, in die du verliebt bist, schon mit einem anderen Menschen zusammen ist.

Erleichtäuscht: Du bist erleichtert und enttäuscht zugleich.
Du bist erleichtert, weil du dein Referat heute nicht halten musst. Aber trotzdem bist du enttäuscht, weil du dich so gut vorbereitet hattest.

Wängstlich: wütend und ängstlich zugleich
Du bist wütend auf deinen Freund und willst ihm sagen, warum, aber du hast auch Angst, die Freundschaft kaputt zu machen.

Gelangsam: gelangweilt und einsam zugleich
Du langweilst dich und willst gern eine Freundin treffen, aber alle sind im Urlaub.

Ruhgeregt: ruhig und aufgeregt zugleich
Du weißt schon, was du von deinen Eltern zum Geburtstag bekommst. Die Spannung ist also nicht mehr so groß. Aber du bist auch aufgeregt, weil du gleich tatsächlich bekommst, was auf deiner Wunschliste ganz oben stand.

Denke dir jetzt deine eigene Gefühlskombi aus. Hier sind ein paar Worte, die dir dabei vielleicht helfen: *hoffnungsvoll, zufrieden, gespannt, stolz, fröhlich, rachedurstig, zornig, verletzt, tobend, zögernd, schuldig, verzweifelt, unsicher, besorgt, feige, beunruhigt.*

SCHREIBE HIER DEIN GEFÜHLSWORT AUF:

....

FETTEN PREIS GEWINNEN?

Wir von der Baumhausbande vergeben einen Preis für das originellste Gefühlswort. Trage daher schnell dein Wort auf der Website www.baumhausbande.com/gefuehlsworte ein. Die Teilnahmebedingungen kannst du dort nachlesen. Das macht dich bestimmt leidengeistert!

Störung in deiner Kommandozentrale

Die weniger angenehmen Gefühle (Angst, Wut, Traurigkeit, Abneigung) sollen dir eigentlich helfen. Aber diese helfende Wirkung haben sie längst nicht immer. Manchmal ertrinkst du fast in ihnen, oder du versteckst sie.

Im eigenen Gefühl ertrinken

Manchmal ist es, als würdest du in einem Gefühl regelrecht ertrinken, wenn es sehr heftig ist. Dann hat eines der fünf Grundgefühle die Führung in der Kommandozentrale in deinem Kopf übernommen. Wie ferngesteuert machst du dann Sachen, ohne darüber nachzudenken. Schon wenig später tut dir das leid. Todtraurig schließt du dich tagelang in deinem Zimmer ein, wodurch du dich eigentlich noch lausiger fühlst. Oder du zeigst einem Radfahrer, der dir den Weg abschneidet, vor Wut kochend den Mittelfinger und schimpfst: *@#$%^&!

Dafür gibt es dann einen Trick: Zähle langsam bis zehn, um ruhig zu werden. Oder bis tausend, wenn du wahnsinnig wütend, traurig oder ängstlich bist. So kannst du besser darüber nachdenken, wie dir dieses Gefühl wohl zu helfen versucht. Deine Wut will, dass du protestierst und vielleicht auch dafür sorgst, dass dieser Radfahrer nicht auch noch andere Leute schneidet. Statt ihm den Mittelfinger zu zeigen, zählst du bis zehn und sagst zu diesem Radfahrer: „Könntest du in Zukunft vielleicht besser aufpassen? Ich bin fast gestürzt." So hat deine Wut wenigstens einen Nutzen, und du beruhigst dich schneller wieder. In den nächsten fünf Kapiteln zeige ich dir viele Power-Übungen, mit denen du lernst, wie du bei Gefühlsausbrüchen die Ruhe bewahrst.

EXPERIMENT 4

Wenn dir ein Gefühl im Weg steht, ist es erleichternd, mit einer Person darüber zu sprechen, der du vertraust. Schreibe deshalb die Namen von drei Menschen auf, bei denen du anklopfen kannst, wenn dich ein angestautes Gefühl wurmt. (Ein Mensch reicht übrigens auch schon!)

Meine Rettung in der Not:

1 ....

2 ....

3 ....

Vor deinem Gefühl weglaufen

EXPERIMENT 5

Willst du dich jetzt elend fühlen? Kreuze an.

- Gern, mich elend zu fühlen ist mein Hobby!
- Ein bisschen fände ich ganz nett.
- Auf keinen Fall!

Natürlich willst du dich nicht elend fühlen. Verspürst du ein unangenehmes Gefühl, ist die automatische Reaktion: Boah, dieses blöde Gefühl will ich aber nicht haben! Und anschießend versuchst du, es zu verstecken, damit du es nicht fühlen musst. Verstecken funktioniert nur leider gar nicht. Gefühle sind wie kleine Kinder: Gibst du ihnen nicht die Aufmerksamkeit, die sie wollen, schreien sie so lange, bis du ihnen zuhörst.

Mal angenommen, du fühlst dich in deinem neuen Fußballteam einsam. Du versuchst, vor diesem Gefühl zu fliehen, und tust so, als würdest du nichts fühlen: Du gibst dich einfach cooler, als du eigentlich bist. Aber wenn du den Knoten in deinem Magen ignorierst, schreit der erst recht um Aufmerksamkeit. Du fühlst dich noch einsamer und benimmst dich noch cooler. Es funktioniert nicht! Das ist wie ein Ball im Wasser: Je tiefer du ihn unter Wasser zu drücken versuchst, desto heftiger springt er dir gegen die Nase. Aber wenn die Flucht vor deinem Gefühl nichts bringt – was hilft dir denn sonst?

Erste Hilfe bei Gefühlen

EXPERIMENT 6

Schließe die Augen und atme einige Male etwas tiefer ein und aus. Anschließend sagst du die ganze Zeit Nein zu allem, was du erlebst. Nein zu Geräuschen, Gedanken, Gerüchen, Gefühlen und sogar zu dieser Übung. Mach das eine Minute lang. Spürst du, was dieses Neinsagen mit dir macht?

Lockere deinen Körper jetzt ein wenig auf, bewege Arme und Beine und schließe dann wieder die Augen. Nun sagst du Ja zu allem, was du fühlst, hörst, riechst und denkst. Alles, was du erfährst, ist erlaubt. Mach das wiederum eine Minute lang.

Was hast du gemerkt? Nein sagen zu allem, was du fühlst und denkst, verursacht oft viel Unruhe in deinem Kopf. Bist du ängstlich, wütend oder traurig? Dann denke daran, dass diese nicht so angenehmen Gefühle nun einmal dazugehören. Sie versuchen dir sogar zu helfen und werden auch schnell wieder verschwinden. Gefühle kommen und gehen, so, wie nach Regen immer wieder die Sonne zum Vorschein kommt (und nach Sonnenschein immer wieder Regen). Sag also Ja zu ihnen: Auch wenn sie nicht schön sind, dürfen sie da sein. Eine Variante dazu ist, dir zu sagen: „Ich bleibe cool bei dem Gefühl."

Cool bleiben bei dem, was du fühlst, ist eine megastarke Superkraft in deinem Kopf. So leidest du viel weniger unter nicht so angenehmen Gefühlen, du beruhigst dich schneller wieder, und du spürst besser, was du brauchst.

DEINE GEFÜHLE SELBST SIND NICHT DAS PROBLEM, SONDERN DASS DU ZU TAUB BIST, UM AUF SIE ZU HÖREN.

Wenn du besser auf das Gefühl der Einsamkeit in deinem neuen Fußballteam gehört hättest, hättest du etwas unternehmen können: dich mit einem Freund oder einer Freundin verabreden, deiner Tante dein Herz ausschütten oder es deinem Tagebuch anvertrauen. Drücke diesen Gefühlsball also nicht einfach unter Wasser. Lass ihn ruhig ein wenig auf den Wellen hüpfen oder schaukeln, dann treibt er später von ganz allein aufs offene Meer.

TIPP

Auf die Frage „Wie geht's?" geben die meisten Menschen die standardmäßige Antwort „Gut!". Du machst das anders: Jedes Mal, wenn dir in dieser Woche jemand diese Frage stellt, überlegst du, wie du dich in dem Moment wirklich fühlst. Was du auch spürst, sage dir: Es ist okay, was ich jetzt empfinde. Erforsche neugierig, wo du es spürst und wie sich dein Körper anfühlt.

Versuche anschließend, dieses Gefühl im Stillen für dich in Worte zu fassen. Wenn du nicht wirklich weißt, was du fühlst, ist das auch in Ordnung. Und selbstverständlich erzählst du das dem Fragenden auch nur dann, wenn du es willst. Sonst behältst du es einfach für dich und sagst: „Gut, danke! Und dir?" Wetten, dass der andere das Gleiche antwortet wie du?

~~FORDERE~~ HILF DEINE(N) ELTERN HE~~RA~~US!

GEFÜHLSJOURNALIST

Diesmal wirst du deine Eltern nicht herausfordern, sondern ihnen helfen. Denn wenn du denkst, du bist der Einzige, dem es schwerfällt, seine Gefühle in Worte zu fassen, liegst du völlig daneben! Deine Eltern finden das nämlich oft genauso schwierig. Also rette die armen Schlucker und werde Gefühlsjournalistin: Du stellst ihnen jede Menge Fragen zu ihren Gefühlen. Hier sind schon mal ein paar Vorschläge für den Anfang:

STRENGSTENS NICHT VERBOTEN, SICH SELBST FRAGEN AUSZUDENKEN

Wie wichtig ist Freude für dich?
Wenn du froh bist, was spürst du dann im Bauch oder in der Brust?

Wann hast du zum letzten Mal geweint? Warum?
War es für dich okay, dass du geweint hast?

Erzähl mal, wann du so wütend warst, dass du dich selbst nicht mehr unter Kontrolle hattest?

Wovor hast du Angst? Wie fühlt sich Angst in deinem Körper an?

Weißt du noch, wie es war, als du dieses Gefühl einmal versteckt hast?
Welche Folgen hatte das?

Wann hat dir ein nicht so angenehmes Gefühl mal geholfen?

Welche Erinnerung ist deine schönste?

Welche Schimpfwörter benutzt du, wenn ich nicht dabei bin?

GESCHAFFT?

Wenn du deinen Eltern mit diesem Gefühlsinterview geholfen hast, bekommst du eine Belohnung. Diese Woche dürft ihr euch gemeinsam den Zeichentrickfilm *Alles steht Kopf* anschauen. Der Film wurde mit den bekanntesten Forschenden aus der Wissenschaft gedreht! Wenn du ihn schon gesehen hast, darfst du einen anderen Film aussuchen. Hast du darin auch die fünf Grundgefühle entdecken können?

ABSCHLUSS-CHALLENGE

Gefühle

Wenn du diese Woche ein (starkes) Gefühl wahrnimmst, leg eine Pause ein. Frage dich: Wo spüre ich das in meinem Körper? Du bemerkst vielleicht ein Stirnrunzeln, ein Lächeln im Gesicht oder Schmetterlinge im Bauch. Stelle dir anschließend vor, dass dieses Gefühl ein kleines Fantasiewesen ist, das dir gern etwas erzählen möchte. Wenn du sehr leise bist, hörst du seine geheime Botschaft an dich. Du kannst diesem Wesen auch eine Frage stellen: „Wie versuchst du, mir zu helfen?"

Sollte dir dein Fantasiewesen nicht sofort antworten, mach dir keine Sorgen. Am Anfang sind sie oft ein wenig schüchtern. Versuche es einfach weiter! Vielleicht klappt es besser, wenn du die Augen schließt?

Kreuze an, an welchen Tagen du diese Übung gemacht hast:

Mo Di Mi Do Fr Sa So

ALLES ANGEKREUZT? CHALLENGE GEMEISTERT!

Dann setze hier und am Anfang des Buchs wieder ein Kreuzchen für deinen Abschlusspreis.

Langweiliger Abschnitt für deine Eltern

DAFÜR BRAUCHEN SIE BESTIMMT KEINE HILFE. 😎

Sie möchten nicht, dass Ihr Kind leidet. Die erste Reaktion von Eltern ist daher auch häufig, ihr Kind abzulenken (mit einem Zeichentrickfilm oder etwas Leckerem). Aber so nehmen Sie dem Kind seine Wachstumsmöglichkeit in Sachen emotionaler Intelligenz. Versuchen Sie nicht sofort, seine Stimmung zu ändern, sondern erforschen Sie diese Emotionen gemeinsam. Eine ganz einfache Methode dafür sind Fragen: „Was fühlst du in deinem Körper?" Ist das zu schwierig, verwenden Sie den internen Wetterbericht: „Wie ist denn das Wetter bei dir drinnen? Scheint die Sonne? Nieselt es? Ist es nebelig?"

7

MIT WUT ERREICHEN, WAS DIR WICHTIG IST

Wut

Hast du einen Widerwillen gegen Schule? Malala aus Pakistan nicht: Sie war sogar bereit zu sterben, um in die Schule gehen zu können. Mit elf Jahren schrieb sie unter Einsatz ihres Lebens wütende Blogeinträge über ein neues Gesetz, in dem steht, dass Mädchen nicht zur Schule gehen dürfen. Wegen ihres Blogs versuchten die Gesetzgeber, die Taliban, sie zu ermorden. Sie bekam eine Kugel in den Kopf, überlebte den Anschlag aber zum Glück. Malala schrieb kämpferisch weiter. Dank ihres Blogs erzielte das Schulverbot weltweite Aufmerksamkeit, und jetzt werden viel mehr Mädchen in Pakistan unterrichtet. Auch heute noch kämpft Malala für das Recht, zur Schule zu gehen. Sie ist die jüngste Friedensnobelpreisgewinnerin, die es je gab.

Die Superkraft Wut

Die Wut, die Malala verspürte, ist eine nützliche Kraft. Auch in deinem Alltag kann Wut zur Superkraft werden: Sie sorgt dafür, dass du dir nicht auf der Nase herumtanzen lässt und dich für das einsetzt, was dir wichtig ist. Beispielsweise, wenn jemand bei einer Partie UNO schummelt und du etwas dagegen sagst.

Das bedeutet nicht, dass du wie ein kopfloses Huhn deinem Gefühl folgen und dem Falschspieler die UNO-Karten zum Mittagessen in den Mund stopfen sollst. Damit erreichst du vielleicht, dass er bei dir nicht mehr schummelt, aber das wird vor allem daran liegen, dass er überhaupt nie wieder mit dir spielen will. Du kannst Wut mit einer Flamme vergleichen: eine gezielte Wutflamme, die dir die Energie verleiht, etwas Wichtiges zu erreichen, wie bei Malala. Aber wenn du nicht aufpasst und das Feuer lodern lässt, stehst du innerhalb kürzester Zeit selbst in Flammen. Dann legt eine solche Megaflamme alles in Schutt und Asche.

„WER ANDERE AUF SICH HERUMTRAMPELN LÄSST, IST EIN GEHWEG."

Loesje

Die dunkle Kraft der Wut

EXPERIMENT 1

Wie lautet das schlimmste Schimpfwort, das du je jemandem an den Kopf geworfen hast? Wenn es zu heftig zum Aufschreiben ist, kannst du auch ein Codewort daraus machen, zum Beispiel, indem du jeden Buchstaben in deinem Wort um eine Stelle im Alphabet vorrückst. Zum Beispiel: „Uspuufm" (Ich kann dir versichern, dass ich auch schon Schlimmeres als dieses Wort gesagt habe!)

Schreib das Codewort hier auf:

....

Und frag dich jetzt: Wolltest du dieses Wort damals wirklich sagen?

Wenn Wut zu einem unkontrollierbaren Flammenmeer geworden ist, sagst du manchmal Worte, die du nicht meinst, und machst Dinge, die dir später leidtun. Dass du zum Beispiel zu deiner Mutter gesagt hast: „Du bist so dumm, du würdest dich noch auf den Fernseher setzen, um das Sofa anzugucken!“ Damit tust du anderen weh, obwohl du das – im Nachhinein betrachtet – gar nicht wolltest. Wenn du das oft machst, werden dir andere irgendwann aus dem Weg gehen, weil du so unfreundlich bist. Aber wenn du deine Wutflamme unter Kontrolle hast, kannst du damit erreichen, was dir wichtig ist, genau wie Malala.

Es geht also vor allem darum zu lernen, wie du deine Wut für das einsetzt, was dir wichtig ist. So sagst du mit Respekt, was dir nicht passt. Im Fall deiner Mutter vielleicht so: „Mama, zisch ab!“ Nein, Scherz beiseite. Du könntest aber sagen: „Mama, kannst du mich jetzt in Ruhe lassen? Dann reden wir später darüber. Ich wäre gern eine Weile allein.“ **Wenn du ruhig aufzeigen kannst, was dir im Moment nicht passt, erreichst du häufiger dein Ziel, und andere finden dich netter.**

WUT THERMOMETER

AAAAAAAAA!!!
Fuchsteufelswild!!! Schreien, schlagen, mit Dingen werfen, jemandem wehtun wollen.

GRRR!
Frustriert, laute Stimme, nicht klar denken können, immer weitergrübeln, worüber du so sauer bist, verärgert Bestätigung einfordern.

PFFFF ... GELASSEN
Du kannst klar darüber nachdenken, warum du wütend bist, und dir fallen Lösungen ein. Du hörst zu und sagst, was dich stört.

Damit du häufiger mit Wut deine Ziele erreichst, ist es wichtig, möglichst schnell zu merken, dass du wütend bist.
Und zwar am besten, bevor dir der Rauch aus den Ohren quillt und du dir die Haare ausreißt. Denn dann ist die Wutflamme schon zu einem Flammenmeer geworden, und es ist schwierig, sich noch zu beherrschen.
Wie entdeckst du deine Wut rechtzeitig? Führe die beiden nächsten Experimente durch.

ALSO HIER!

EXPERIMENT 2

Kreuze an, in welchen Situationen du schnell wütend wirst. Das sind rote Knöpfe für dich. Werden die gedrückt, bist du augenblicklich auf Vulkanstufe.

DEINE ROTE-KNÖPFE-SITUATIONEN

- ◯ Wenn du verlierst.
- ◯ Wenn du ein Nein zu hören bekommst.
- ◯ Wenn du ignoriert wirst.
- ◯ Wenn du müde bist.
- ◯ Wenn du dich ungerecht behandelt fühlst.
- ◯ Wenn du kritisiert wirst.
- ◯ Wenn du viel Lärm hörst.
- ◯ Wenn du hektisch bist.
- ◯ Wenn jemand einen Witz über dich reißt.
- ◯ Wenn du nicht erklären kannst, wie du dich fühlst.
- ◯ Wenn du nicht verstehst, was du machen sollst.
- ◯ Wenn du ....

In Rote-Knöpfe-Situationen solltest du also besonders gut aufpassen, damit du rechtzeitig merkst, dass du allmählich sauer wirst. Wütend geworden? Lies die Tipps, wie du dich wieder beruhigen kannst.

EXPERIMENT 3

Denke an eine Situation, in der du superwütend warst. Beispielsweise, als du von deinem Lehrer oder deiner Lehrerin zu Unrecht beschuldigt wurdest, gespickt zu haben. Schau in den Spiegel und zeichne anschließend dein Wutgesicht nach. Kreuze danach in der gezeichneten Figur an, wo du häufig Wut spürst, und schreibe dazu, wie sich das anfühlt. Beobachte diese Alarmstellen genau, sie warnen dich, wenn du wütend wirst. Es ist wichtig, früh genug einzugreifen: wenn deine Wut noch eine kleine Zündflamme ist.

Gut, wenn du also in aller Ruhe angeben kannst, was dich stört, erreichst du häufiger dein Ziel, und andere finden dich netter. Leichter gesagt als getan. Wie machst du das beispielsweise, wenn dein Bruder dich bis aufs Blut reizt? Zum Glück kannst du dein Gehirn mit dem folgenden Atemtrick hinters Licht führen.

EXPERIMENT 4

Setze dich bequem hin und achte auf deine Atmung. Atme vier Sekunden ein, zähle die Sekunden im Kopf. Halte den Atem eine Sekunde an, und atme anschließend in fünf Sekunden aus. Wenn es sich besser anfühlt, kannst du sowohl beim Einatmen als auch beim Ausatmen Sekunden hinzuzählen oder abziehen.

Einatmen 1-2-3-4

Den Atem 1 Sekunde anhalten

Ausatmen 1-2-3-4-5

Den Atem 1 Sekunde anhalten

Und so weiter

Du kannst das Ausatmen auch verlängern, indem du einen entspannten „Aaaaah"-Laut von dir gibst.

Weil du ein wenig länger ausatmest, als du eingeatmet hast, denkt dein Gehirn: Chillen! Beim Einatmen steigt dein Puls nämlich, beim Ausatmen sinkt er wieder. Wenn du dich entspannen willst, musst du also ein oder zwei Sekunden länger ausatmen als einatmen. Versuch das mal in Situationen, in denen du Wut verspürst. Beispielsweise, wenn dir deine Eltern nicht zuhören, wenn plötzlich *Game over* erscheint, obwohl du gerade fast den Endgegner geschlagen hättest, oder wenn jemand auf dem Schulhof eine blöde Bemerkung über dich macht.

Atme ein, atme etwas länger aus, und bleib gechillt.

Achtung! Weißt du noch aus dem vorigen Kapitel, dass Gefühle sich erst recht verstärken, wenn sie unterdrückt werden? Wenn du deine Wut hinunterschluckst, wirst du in einem unerwarteten Moment wie ein Vulkan ausbrechen! Versuche also, deine Wut nicht krampfhaft wegzuatmen, sondern im Gegenteil: Lass sie mit Hilfe deines Atems zu. Weißt du noch, was dabei hilft? Sage dir:

„Es ist in Ordnung, dass ich jetzt Wut verspüre, die vergeht von selbst wieder."

TIPP

Bist du zu wütend für einen klaren Gedanken? Bitte um eine Auszeit. Sag, dass du in fünf Minuten wieder da bist. Dann kannst du dich einen Moment mit dem Atemtrick abkühlen.

Mach dich wie ein neugieriger Gefühlsforscher auf die Suche nach der Stelle, wo du die Wut in deinem Körper spürst.

Das leere Ruderboot

Ist deine Wut immer nützlich? Hilft es zum Beispiel, sich maßlos darüber zu ärgern, wenn eine bekannte Vloggerin ein hässliches pissgelbes Kleid trägt? Vielleicht bringt dich die folgende Geschichte auf andere Ideen.

Stell dir vor, du hast gerade ein neues Ruderboot bekommen. Es ist superschön, und du freust dich sehr. Nach der Schule ruderst du damit über den See. Plötzlich taucht aus dem Nebel ein anderes Boot auf, das direkt auf dich zukommt. Und ... rums! Für einen Moment bist du wahnsinnig sauer. **„IDIOT, KANNST DU NICHT AUFPASSEN?“,** *schreist du. Aber dann siehst du plötzlich, dass das andere Ruderboot leer ist. Deine Wut legt sich, denn jetzt gibt es niemanden mehr, auf den du wütend sein kannst. Du musst sogar ein wenig über dich selbst lachen.*

Manchmal ergibt deine Wut überhaupt keinen Sinn. Stell dir mal vor, es hätte tatsächlich jemand in dem anderen Boot gesessen – hättest du dich dann auch so schnell beruhigt? Wahrscheinlich nicht. Und das, obwohl du genau dasselbe erlebt hättest: einen Zusammenstoß. Deine Wut über andere Menschen und Dinge, die du erlebst, ähnelt manchmal sehr einem Zusammenstoß mit dem leeren Ruderboot aus dem Beispiel. Deine Wut ist dann witzlos – denn was würde es bringen, vor Wut mit den Füßen aufzustampfen, wenn du den Bus verpasst hast? Kommt der nächste Bus dadurch etwa schneller? Nein! Wenn du also wütend wirst, frage dich: Ist dieser Zwischenfall es wert, dass ich wütend werde? Oder noch kürzer: Ist das ein leeres Ruderboot? Und vielleicht kannst du sogar ein bisschen über dich selbst lachen, wenn du dich bei nutzloser Wut ertappst. Beispielsweise, wenn du schimpfst und tobst, weil du in Socken auf dem nassen Badezimmerfußboden stehst.

Neid

Neid ist im Grunde der nützliche Neffe der Wut. Du willst etwas, das jemand anderes hat. Von klein auf versuchen jedoch alle, dir weiszumachen, dass Neid schlecht ist und du ihn eigentlich nicht verspüren dürftest. Schade, denn Neid ist auch eine wertvolle Alarmglocke. Er zeigt dir, was du gern möchtest, und gibt dir die Energie, dich dafür einzusetzen. Bist du neidisch auf das Mädchen, das bei The Voice Kids so gut singen kann? Vielleicht möchtest du dann selbst Gesangsunterricht erhalten, weil du auch so gern daran teilnehmen möchtest. Fühl dich also nicht schuldig, wenn du Neid empfindest, sondern frage dich, was du eigentlich willst. Mit Hilfe des nächsten Experiments forderst du dich selbst heraus, deinen Träumen nachzujagen, statt vor Neid zu vergehen.

EXPERIMENT 5

Ergänze selbst die nächste Zeile, und nimm die Herausforderung auch wirklich an.

ICH BIN NEIDISCH AUF ...	ICH FORDERE MICH SELBST HERAUS, ...
die Streetdance-Fähigkeiten meiner besten Freundin.	heute Nachmittag mit *Just Dance* zu üben.
die Nintendo-Konsole meines Nachbarjungen.	Geld zu verdienen, um selbst eine zu kaufen.
die Englischnote des Sprachgenies der Klasse.	um Hilfe zu bitten, damit ich in Englisch auch besser werde.

JETZT DU!

Rache = wie in die Hose kacken

Wenn Neid der nützliche Neffe der Wut ist, dann ist Rache der böse Stiefvater. Rache ist eine gemeine Form von Wut: Wenn dir jemand wehtut, zahlst du es ihm heim. Rache macht süchtig, denn anfangs fühlt sie sich gut an. Du glaubst, dass du vollkommen im Recht bist, dem anderen ebenfalls wehzutun. Du kritzelst in das Tagebuch deiner Schwester, weil sie dein Gebäude aus Streichhölzern zertreten hat. Sehr gut möglich, dass sich deine Schwester danach wieder an dir rächt. Das nennen wir auch „Wettrüsten" – aus diesem Grund gibt es auch so viele Kriege. Wenn Land A Land B etwas antut, schlägt Land B doppelt so hart zurück. Woraufhin Land A wieder auf Rache sinnt und so weiter.

Wenn du aus Rache handelst, fühlst du dich im Nachhinein oft schlechter als vorher, und du bist meilenweit von einer gemeinsamen Lösung entfernt. Rache ist, als würdest du dir in die Hose kacken, damit der andere unter dem Gestank leidet: Letzten Endes ist es für dich selbst am schlimmsten.

Hier ein paar Tipps, wie du „richtig“ streitest und nicht in einem Rüstungswettlauf landest.

DOS

Sage deinem Gegenüber, wie du dich fühlst und woher das kommt.

Höre ihm oder ihr wirklich zu (und beiße dir lieber kurz auf die Lippen).

Sage, was du **gern** willst: Also: „Ich will, dass du fair spielst.“

Vergib ihm oder ihr, wenn du das schaffst.

Entschuldige dich für Dinge, die dir leidtun.

Überlegt euch gemeinsam eine Lösung, oder bittet eine dritte Person um Hilfe, wenn ihr allein keine findet.

SO, JETZT ERST MAL STREIT SUCHEN, UM DAS ZU TESTEN.

TIPP

Hast du Streit mit deiner Schwester, deinem Bruder oder einer Freundin, und du findest keine Lösung? Macht einen Wettbewerb daraus: Wer am längsten wütend bleibt, verliert.

DON'TS

Wenn dein Gegenüber redet, die Finger in die Ohren stecken und rufen: „Ich, ich, ich, ich, ich!“

Glühend vor Wut schreien: „ABER ICH BIN NICHT WÜTEND! UND ICH SCHREIE AUCH NICHT!“

Sagen, was du **nicht** willst, also: „Ich will nicht, dass du noch mal schummelst.“

Anderen immer recht geben und sie auf dir rumtrampeln lassen, als wärst du ein Gehweg.

Die andere Person jedes Mal, wenn sie anfängt zu reden, schlagen und dazu sagen: „Das ist alles nur deine Schuld!“

Auf Fake-Chinesisch (oder einer anderen selbst ausgedachten Sprache) erklären, was dir missfällt.

FORDERE DEINE ELTERN HERAUS!

DIE WUTKONFERENZ

Zu einer Wutkonferenz einladen? Geht das? Na klar! Und das Schöne ist: Du erreichst dabei auch, was dir wichtig ist. Wie du das machst? Befolge diese Schritte:

Sage deinen Eltern, was dich oft wütend macht, etwas, das sie tun oder sagen. Zum Beispiel: „Mama, ich finde es blöd, dass du morgens immer so lange duschst."

Anschließend ergänzt du diesen Satz:

„WAS ICH ALSO EIGENTLICH VON DIR WILL, IST, DASS DU ..."

(In diesem Fall: „... kürzer duschst".)

Deine Mutter denkt sich drei Lösungen aus, um dir entgegenzukommen. Beispielsweise früher aufzustehen oder, wenn du an die Tür klopfst, zu sagen, dass sie jetzt nur noch zwei Minuten duscht.

Du wählst eine Lösung aus, die deine Mutter durchführen wird. Siehst du, wie leicht es ist, etwas Wichtiges zu erreichen, wenn du in aller Ruhe aussprichst, was dich stört?

AAABERRR ...

Deine Eltern werden bestimmt auch manchmal wütend über Dinge, die du so machst oder sagst. Dreht die Rollen daher auch einmal um.

Jetzt dürfen deine Eltern den Satz „Was ich also eigentlich von dir will ..." zu Ende führen. Du überlegst dir drei Lösungen, und sie wählen eine aus, die du dann ausführen wirst.

ALLES GUT GEGANGEN? HAT ES GEKLAPPT? DANN LADE DOCH ÖFTER MAL ZU EINER WUTKONFERENZ EIN!

TIPP

Vereinbare mit deinen Eltern, dass ihr beim nächsten Streit nur in einem euch fremden Dialekt (Bayerisch, Schwäbisch, Sächsisch) oder mit einer seltsam hohen oder tiefen Stimme sprechen dürft. Weil das witzig ist, lässt du deine Wut früher los, und es wird viel leichter, sich in den oder die andere hineinzuversetzen und den Streit zu klären.

PREIS

Habt ihr eure Wutkonferenz abgehalten?
Dann bekommst du in dieser Woche doppeltes Taschengeld.

ABSCHLUSS-CHALLENGE

Setze deine Superkraft Wut ein, um zu erreichen, was dir wichtig ist.

In dieser Woche sorgst du mit Hilfe deiner Superkraft Wut dafür, dass du erreichst, was dir wichtig ist.
Wenn du merkst, dass du wütend wirst, nutze die Länger-ausatmen-als-einatmen-Technik aus diesem Kapitel. Wo in deinem Körper spürst du die Wut?

Konntest du dich selbst wieder beruhigen?
Dann stell dir diese beiden Fragen:

1. Lohnt es sich, wütend zu werden, oder ist es ein leeres Ruderboot?

2. Wenn es sich lohnt, wie kann ich dann so clever wie möglich erreichen, was mir wichtig ist?

Kreuze an, an welchen Tagen du das gemacht hast:

Mo Di Mi Do Fr Sa So

HAST DU DIE ABSCHLUSS-CHALLENGE DIESER WOCHE GEMEISTERT?

Dann setze hier und am Anfang des Buchs ein Kreuzchen für den Abschlusspreis!

Langweiliger Abschnitt für deine Eltern

Strafen, die Ihr wütendes Kind isolieren, bewirken oft das Gegenteil. Bewahren Sie einen klaren Kopf wie eine Ärztin, die ruhig bleibt, wenn sie einem Patienten helfen will. Setzen Sie klare Grenzen, beispielsweise: „Ich rede mit dir, wenn deine Stimme genauso ruhig klingt wie meine." Hier ein paar hilfreiche Fragen, um das Gespräch in Gang zu bringen: „Möchtest du erst eine Auszeit von fünf Minuten", „Möchtest du etwas dazu schreiben oder zeichnen", „Wie kann ich dir helfen", „Was hat dir früher geholfen", „Was machen andere Kinder, um sich zu helfen?" Tipp: Wenn Sie das Gespräch bei einem Spaziergang führen, kann sich Ihr Kind besser konzentrieren.

NICHT FÜR DEINE ELTERN!

GRRRRRR ... Jetzt werde ich wütend! Der Text für dieses Kapitel ist alle, aber die Seite ist noch halb leer. Okay, ich bleibe gaaanz ruhig ... Weißt du was? Ich zeichne hier einfach einen Kasten. Dann kannst du nach Lust und Laune darin herumkritzeln, wenn du mal so richtig wütend bist!

KRITZEL-KASTEN FÜR WUTANFALL

8

TRAU DICH, WAS DU DICH SONST NICHT TRAUST

Angst

Vergiss Batman, Superwoman und Spider-Man.
Ein neuer Superheld hat sich erhoben: **ANGSTMAN!**
Die Superkraft dieses Helden ist, dass er in Todesangst ausgezeichnet fliehen kann. Wenn Angstman einem Schurken begegnet, nimmt er blitzschnell die Beine in die Hand. Sieht er einen Überfall auf eine alte Dame, versteckt er sich zitternd im Gebüsch. Sein Motto ist: „Renn um dein Leben!"

Du hast auch einen Angstman oder eine Angstwoman in dir. Sie helfen dir, gefährliche Situationen zu erkennen und vorsichtig zu sein, damit du nicht versuchst, auf einem Bein hüpfend eine stark befahrene Autobahn zu überqueren, und es dir nicht in den Sinn kommen lässt, zu einem Muskelprotz zu sagen: „Hat es denn auch Vorteile für Sie, dass Sie so dumm sind?"

EXPERIMENT 1

Wovor hast du Angst?

1 ....

2 ....

3 ....

Vielleicht hast du notiert, dass du Angst hast vor Dunkelheit, vor Spinnen, vor Hunden oder vielleicht vor anderen Sachen.

ECHT WAHR!

Es gibt Menschen, die haben Angst vor dem Tanzen (das heißt Chorophobie), dem Wind (Anemophobie)und sogar vor dem Öffnen der eigenen Augen (Optobiphobie). Das muss furchtbar sein beim Aufwachen!

Weißt du, wovor fast alle Menschen Angst haben? Nicht dazuzugehören. Fast alle haben Angst, gemobbt oder ignoriert zu werden. Deswegen verhalten sich viele Leute total cool, tragen Markenkleidung, kaufen teure Computer oder Handys oder rauchen sogar. Alles nur, damit sie in ihrer Freundesgruppe cool sind. Viele Unternehmen verdienen also Säcke voll Geld an der Angst, nicht dazuzugehören. In Kapitel 12 kannst du mehr dazu lesen.

Zu starker Angstman

Angst kann nützlich sein, aber sie kann dich auch hemmen. Dein Angstman ist dann zu stark, und du hast Angst, ohne dass es dafür einen guten Grund gibt. Denn was hast du davon, wenn du dich nicht traust zu tanzen, wach liegst, weil es im Zimmer so dunkel ist, oder um jeden kläffenden Dackel einen weiten Bogen machen musst?

Vor allem deine Angst, nicht dazuzugehören, sorgt dafür, dass du manchmal nicht das machst, was du gern machen würdest. Oder dass du andersherum Dinge tust, die du eigentlich gar nicht willst: etwa dir die Lunge schwarz zu rauchen aus Angst, sonst nicht beliebt zu sein. Dann flößen dir deine eigenen Gedanken Angst ein, weil sie dir sagen, dass du nicht dazugehörst. Wegen dieser Gedanken, die dein Angstman dir einflüstert, spukt es in deinem Kopf. So willst du eigentlich mit Karate aufhören, traust dich aber nicht, es deinen Eltern zu sagen, weil du Angst hast, sie zu enttäuschen. Also teilst du weiterhin gelangweilt Tritte aus oder handelst dir welche ein, statt endlich etwas anderes auszuprobieren wie Jonglieren, Ballett oder Programmieren. Ein großer Nachteil bei einem starken Angstman ist daher, dass du keine neuen Sachen ausprobierst und so auch nichts Neues lernst, obwohl du das gern möchtest.

„NICHT WEIL ES SCHWIERIG IST, WAGEN WIR ES NICHT, SONDERN WEIL WIR ES NICHT WAGEN, IST ES SCHWIERIG."

Seneca

Keine Angst vor deinem Angstman

Die meisten Kinder (und Erwachsenen) finden es gar nicht cool, Angst zu haben. Aber entscheidest du denn selbst, ob du ängstlich wirst, wenn dich eine hungrige Bulldogge anbellt? Oder wenn du ein Referat hältst? Nein, das passiert einfach, ob du willst oder nicht. Inzwischen weißt du schon, dass es eine ziemlich schlechte Idee ist, Gefühle zu unterdrücken.

NICHT!?! DANN SCHNELL ZURÜCK ZU KAPITEL 6!

Also lieber ehrlich sein und zugeben, dass du Angst hast, denn dadurch lässt sich dein Angstman schneller beruhigen. So erkennst du auch leichter, welche Gedanken dir Angst machen. Bei einem Referat akzeptierst du, dass Nervosität dazugehört und dass es gar nicht schlimm ist, wenn das jemand merkt. Denn jeder ist mal nervös. Ich zum Beispiel stehe jede Woche einmal vor einer Gruppe von Menschen und verliere immer noch jedes Mal die Nerven!

TRICKSE DEIN GEHIRN AUS

Scharfschützen lernen, in ihrem Training zu gähnen, bevor sie schießen. Wenn dein Gehirn vor lauter Angst überhitzt ist, wirkt Gähnen nämlich wie ein kühlendes Eis. Es beruhigt dich. Experimentiere noch diese Woche mit absichtlichem Gähnen, wenn du bei dir Angst wahrnimmst. Du musst auch nur so tun, als würdest du gähnen. Dann gähnst du ganz von selbst. Merkst du, dass du jetzt schon anfängst zu gähnen, wenn du nur das Wort „Gähnen" liest?

Es ist gerade gut, wenn du dich traust, deine Angst zu zeigen. Damit hilfst du nämlich nicht nur dir selbst, sondern auch anderen. Viele Menschen sind richtige Angsthasen, doch sie trauen sich nicht, ihre Angst und Unsicherheit zu zeigen, weil sie glauben, die Einzigen zu sein, die sich so fühlen, und befürchten, andere könnten das dumm finden. Wenn du jedoch den Mumm hast, offen und ehrlich zu sagen, wie du dich fühlst, denken sie: Oh, [dein Name] ist genauso unsicher wie ich, zum Glück bin ich damit nicht allein! Wenn der/die sich traut, traue ich mich auch zu erzählen, dass ich manchmal unsicher bin. Oder – um es leicht schwammig auszudrücken: Wenn du dich öffnest, öffnest du andere!

EXPERIMENT 2

Denke an eine beklemmende Situation. Zum Beispiel, als dich beim Blick aus dem achten Stock Höhenangst überfallen hat. Kreuze in dieser Figur an, wo du in deinem Körper oft Angst verspürst, und schreibe dazu, wie sich das anfühlt.

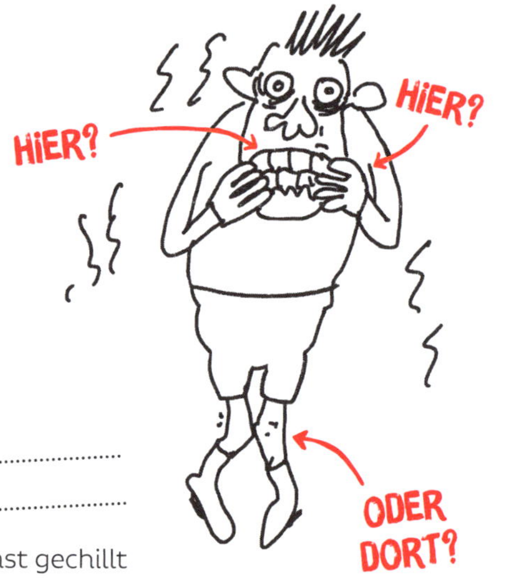

Mut!

Du willst also deine Angst spüren und dabei möglichst gechillt bleiben. Und du willst der Chef bleiben. Frage dich daher, ob dein Angstman dir wirklich gute Tipps gibt. Wenn er dir zuflüstert, es sei unvernünftig, in die Löwengrube im Zoo zu springen, um die kuscheligen Tierchen zu streicheln, ist es sehr klug, auf ihn zu hören. Aber wenn dein Angstman dir einen schlechten Rat gibt, lass dich nicht kleinkriegen und mach, was du im tiefsten Inneren am liebsten machen möchtest.

Wenn dein Angstman am Rand stehen bleiben will, du aber in die Tiefe springen möchtest, dann spring! Weißt du, wie das heißt? Mut! Mutig sein bedeutet nicht, dass du keine Angst verspürst, sondern dass es dir gelingt, diese Angst zu besiegen. So hast du zum Beispiel Angst, deiner Mutter zu erzählen, dass du auf Jungs stehst und nicht auf Mädchen, aber trotzdem hast du den Mut, es ihr zu sagen.

Mutige Geschichte

Kim ist zehn Jahre alt und leidet an einer Blutkrankheit. Wenn die Ärzte kein Heilmittel finden, wird sie bald sterben. Um das Mittel zu finden, brauchen sie Blut von einem Familienmitglied, Blut, das Kims Blut ähnelt. Zum Glück hat ihr fünfjähriger Bruder Michiel die gleiche Blutgruppe. Die Eltern fragen Michiel, ob er Kim sein Blut geben würde. Michiel antwortet mit Angst in der Stimme: „Bleibt Kim dadurch am Leben?“ Seine Eltern nicken, und Michiel ist einverstanden. Michiel bekommt ein Krankenhausbett neben Kim, und sein Blut wird über Schläuche zu ihr übertragen. Er zittert vor Angst. Nach einer Weile wird es Michiel schwindelig, und er fragt: „Sterbe ich jetzt?“ Alle schauen Michiel erstaunt an. Mit Tränen in den Augen wird Kim klar, dass ihr kleiner Bruder dachte, er solle ihr all sein Blut geben, um sie zu retten. Er hätte alles geben wollen, obwohl er schreckliche Angst davor hatte, was mit ihm selbst geschehen würde. Da zeigt sich wahrer Mut![7]

Auch du hast die Superkraft Mut in dir. Zum Glück musst du nicht gleich dein Leben opfern, um mutig zu sein. Mut beginnt schon mit kleinen Schritten. Hast du Angst vor Spinnen? Dann schau sie dir erst einmal sicher hinter Glas im Zoo an, statt sofort eine große Bananenspinne über deine Hand krabbeln zu lassen. Möchtest du einen Jungen oder ein Mädchen fragen, ob er oder sie mit dir gehen will? Dann übe erst einmal vor dem Spiegel, schreibe einen Brief oder bitte einen Freund um Hilfe. Und wenn du dann fragst und doch eine Absage bekommst, kannst du dir trotzdem gratulieren, weil du deinen Angstman besiegt hast.

TIPP

BERUHIGE DEINEN ANGSTMAN

Jedes Mal, wenn du in dieser Woche ängstlich bist, beruhigst du deinen Angstman oder deine Angstwoman. Sag ihm oder ihr einfach: „Es ist okay", „Du bist sicher", „Nur die Ruhe, alles wird gut". Du kannst dich auch an andere Kapitel erinnern: Lass im Kopf einen beruhigenden Film laufen (Kapitel 1), oder nutze die Länger-ausatmen-als-einatmen-Technik (Kapitel 7).

Langweiliger Abschnitt für deine Eltern

Ein Kind, das bei jedem Schritt seine Eltern „Pass auf!" rufen hört, stolpert erst recht. Passen Sie also auf mit dem Aufpassen. Studien zeigen, dass Überbesorgtheit der Eltern die Wahrscheinlichkeit des Kindes auf starke soziale Beziehungen außerhalb der Familie beträchtlich verkleinert.[8] Ihr Kind folgt nicht Ihrem Rat, sondern Ihrem Beispiel. Darum ist es besser, wenn Sie Ihre eigenen Ängste teilen und erzählen, wie Sie damit umgehen. So können Sie Ihrem Kind beibringen, keine Angst davor zu haben, Angst zu haben, wodurch seine Selbstbeherrschung bei Angst wächst.

MUTIG GENUG FÜR DIE CHALLENGES?

FORDERE DEINE ELTERN HERAUS!

SUPERSCHAURIGES WÜRFELSPIEL

Wie du deine Angst äußerst und damit umgehst, liegt zu einem großen Teil daran, was dir deine Eltern beigebracht haben. Spiele das Würfelspiel, um zu erfahren, wie sich eure Angstmen und Angstwomen ähneln oder worin sie sich unterscheiden.

Würfele abwechselnd mit einem deiner Elternteile und erfülle die Aufträge, die gleich folgen. Dabei müsst ihr beide mindestens dreimal würfeln, um den Auftrag zu erfüllen, aber du darfst auch häufiger werfen. Wenn du Glück hast, kannst du sogar etwas damit verdienen.

- ⚀ Nenne etwas, wovor du Angst hast.
- ⚁ Erzähle von einem Mal, als du mutig warst und deine Angst besiegt hast.
- ⚂ Verkörpere deinen eigenen Angstman. Zeige, wie er aussieht, wie er redet und sich bewegt.
- ⚃ Erzähle, was dir hilft, deine Angst zu besiegen.
- ⚄ Was würdest du noch gern tun, was du dich jetzt nicht traust? Wie könnte ein erster Schritt aussehen?
- ⚅ Du bekommst einen Euro von deinen Eltern!!!

AUCH WENN DEINE ELTERN EINE 6 WÜRFELN!

GESCHAFFT?

Du gewinnst das Geld, das bei den 6 Würfen herausgekommen ist.

ABSCHLUSS-CHALLENGE

MU~~SS~~T-LISTE

Angst

Mut ist also nicht die Abwesenheit von Angst, sondern dein Entschluss, die Angst zu besiegen und zu machen, was du tief in deinem Inneren am liebsten willst. Fülle daher diese Mut-Liste weiter aus und erledige diese Woche mindestens einen der Punkte, um deine Angst zu besiegen.

Was findest du furchterregend?	Was kann helfen?	Was machst du wann?
○ Für jemanden eintreten, der gemobbt wird.	Mir selbst sagen: „Ich bin hier jetzt mal der Chef, Angstman."	Wenn es passiert, den Mobbenden bitten, damit aufzuhören.
○ Ausziehen in der Umkleide, wenn andere Kinder dabei sind.	Vorher gähnen, um mich etwas zu beruhigen.	Gleich in der nächsten Turnstunde.
○ Meinen Eltern etwas erzählen, was mir schon eine Weile auf der Seele brennt.	Es erst mit Freund oder Freundin, Tante, Lehrkraft besprechen.	Es am Samstag am Frühstückstisch erzählen.
○ Einem Mitschüler oder einer Mitschülerin ein Kompliment machen.	Überlegen, dass es mir selbst auch gefallen würde, ein Kompliment zu bekommen.	Donnerstag in der ersten Pause jemandem ein Kompliment machen.
○	....	....

HAST DU DEINEN ANGSTMAN BESIEGT? HOPPLA, ABSCHLUSS-CHALLENGE VOLLBRACHT.

Setze hier und am Anfang des Buchs wieder ein Kreuzchen. ○

9

ENTDECKE DEINE HEIMLICHE VERBÜNDETE

Traurigkeit

„Und sie lebten noch lange und glücklich." So enden die meisten Märchen. Rinderkacke! („Bullshit" ist Englisch für „Unsinn"). In Wirklichkeit würde zum Beispiel das Märchen von Rotkäppchen ganz anders weitergehen. Rotkäppchen kommt in die Pubertät, geht eine Beziehung mit dem größten Wolf aus dem Dorf ein, bleibt in der sechsten Klasse sitzen und fängt an zu rauchen und Bier zu trinken. Deswegen bekommt sie großen Streit mit ihrer Großmutter, die wenig später an einem Herzinfarkt stirbt, weil sie das alles nicht mehr ertragen kann. Rotkäppchen ist tieftraurig über den Tod ihrer Oma.

Das Leben ist nun mal kein Märchen. Eher eine Achterbahn mit Höhen und Tiefen. Eines im Leben ist jedenfalls ganz sicher: Du wirst noch oft traurig sein über Dinge, die nicht so laufen, wie du es gern hättest. Vom kleinen Zeh, den du dir stößt, bis zu Eltern, die sich scheiden lassen. Darum solltest du lieber dafür sorgen, dass du dir die Traurigkeit zur Verbündeten machst und nicht zu deiner Feindin.

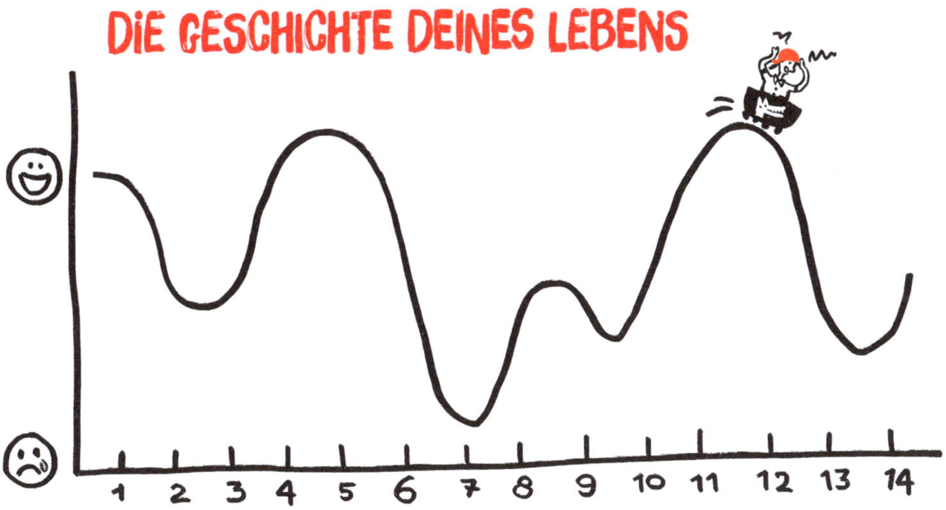

EXPERIMENT 1

Denke an etwas Trauriges. Wenn dir nichts einfällt, lies einfach die nebenstehende traurige Geschichte von Kiara. Schau danach in den Spiegel. Wie sieht das aus, wenn du traurig bist?

Gestern war ich bei meiner Oma im Pflegeheim. Sie saß still in ihrem Sessel und schaute in die Ferne. Ich bin mir nicht sicher, ob sie mich erkannte. Als meine Oma noch reden konnte, zwickte sie mich immer dreimal leicht in die Hand, und dann zwickte ich dreimal zurück. So haben wir uns immer voneinander verabschiedet. Jetzt nahm ich die Hand meiner Oma und zwickte sie dreimal leicht. Kurz darauf spürte ich, wie es in meiner Hand dreimal zwickte. Ich musste ein bisschen weinen. Heute erzählte meine Mutter, dass Oma gestern Abend gestorben ist. Ich werde sie vermissen, meine Zwickoma.

Wenn du in den Spiegel schaust und richtig traurig bist, siehst du, dass alles ein wenig hängt: deine Schultern, dein Kopf, dein Rücken und deine Mundwinkel. Engländer sagen deswegen, dass man sich „down“ fühlt: „nach unten“. Und was spürst du in deinem Körper? Vielleicht einen Druck auf der Brust, brennende Augen, einen Kloß in der Kehle oder noch etwas ganz anderes.

Manchmal ist Traurigkeit gar nicht so leicht zu erkennen, weil sie sich hin und wieder auch als Wut tarnt. Du bist zum Beispiel wütend, weil du nicht zu einem Geburtstag eingeladen wurdest, obwohl du eigentlich weinen musst, da du dich ausgeschlossen fühlst. Jungen haben das öfter als Mädchen, weil Jungen auch immer mal wieder zu hören bekommen, dass echte Jungs nicht weinen. Deswegen geben sie sich allergrößte Mühe, ihren Kummer nicht zu zeigen.

EXPERIMENT 2

Kreuze an, was dich traurig macht:

- ○ Wenn dich jemand ignoriert.
- ○ Wenn du ausgelacht wirst.
- ○ Wenn du verlierst.
- ○ Wenn dich niemand versteht.
- ○ Wenn du etwas Wertvolles verloren hast.
- ○ Wenn dein Haustier krank ist.
- ○ Wenn du eine schlechte Note bekommst.
- ○ Wenn du Heimweh hast.
- ○ Etwas anderes ....

....

Die Superkraft Traurigkeit

Wusstest du, dass Traurigkeit nützlich sein kann? Hä?! Was für einen Nutzen hat es, Rotz und Wasser zu heulen, wenn du umziehen und deine Freunde zurücklassen musst? Wäre es nicht angenehmer, darüber lachen zu können? Nein, im Gegenteil. Deine Tränen zeigen, was dir wichtig ist im Leben. Weil du hin und wieder traurig bist, kannst du dich danach viel mehr über das freuen, was du hast. Durch Traurigkeit lernst du, mit Rückschlägen umzugehen, weil sie dir einen kleinen Schubs gibt. Der Kummer über den Umzug bringt dich zum Beispiel dazu, an deinem neuen Wohnort nach neuen Freunden zu suchen. Wenn du über dein Sitzenbleiben enttäuscht bist, strengst du dich im neuen Schuljahr vielleicht mehr an.

VIER FREUDIGE GRÜNDE, DIE TRAURIGKEIT ZUR SUPERKRAFT MACHEN

1. Traurigkeit kann dich motivieren.
2. Traurige Menschen können Dinge besser behalten.
3. Wenn du bei Kummer auch noch weinst, darfst du besonders „froh" sein. Denn Weinen ist wie Seife für die Augen: Der Stoff Lysozym in deiner Tränenflüssigkeit tötet Bakterien.
4. Eine Runde Heulen sorgt dafür, dass dein Gehirn Gutfühl-Stoffe (die Hormone Oxytocin und Endorphin) produziert. Sie sorgen dafür, dass sich deine Stimmung wieder aufhellt, und im Nullkommanichts bist du wieder der Sonnenschein der Familie.

Die Traurigkeit klopft an – und dann?

Stell dir vor, du bist ein Haus. Wenn die Traurigkeit bei dir anklopft, ist es nützlich, sie hereinzulassen. Aber statt die Tür zu öffnen, verschließen wir sie. Du willst die Traurigkeit nicht reinlassen, damit du sie bloß nicht spüren musst. Sie wird daher immer lauter klopfen. So wächst dein Kummer, und du leidest erst recht darunter. Und sich verschließen hat den großen Nachteil, dass die Tür auch für andere Gefühle wie Freude geschlossen bleibt. Stell dir vor, die Freundschaft zu deinem besten Freund ist zerbrochen, und du bist schrecklich traurig. Du tust so, als wäre alles in Ordnung, aber im tiefsten Inneren fühlst du dich total mies, und nichts macht dir mehr Spaß, auch keine schönen Dinge wie eine Party oder ein Kinobesuch.

Wenn du deinen Kummer zu lange verbirgst, kannst du sogar depressiv werden. Dann bist du wochenlang so traurig, dass du auf nichts mehr Lust hast. Du willst dann nicht einmal mehr aufstehen. Traurigkeit ist nützlich, aber eine Depression bringt dir überhaupt nichts!

ACHTUNG

Wenn du denkst, dass du vielleicht depressiv bist, suche dir Hilfe! Sprich mit einem erwachsenen Menschen, dem du vertraust. Du kannst aber auch anonym anrufen oder chatten, zum Beispiel mit dem Kinder- und Jugendtelefon 116 111 oder mit der Onlineberatung der Nummer gegen Kummer: www.nummergegenkummer.de

Wenn du die Traurigkeit ins Haus lässt, geht sie auch schneller wieder weg. Vielleicht denkst du jetzt: Soll ich denn ganz darin aufgehen, wenn ich traurig bin? Ein totales Drama daraus machen? Mich tagelang flennend in meinem Zimmer einsperren und in den Spiegel schluchzen: „Arrrgh, ich bin der allertraurigste Mensch der ganzen Welt! Noch trauriger als die Kinder in Afrika, die nichts mehr zu essen und keine Eltern mehr haben. Ich werde meinen Namen ändern in Trauriger Tropf!" Nein, das muss ja nun auch nicht gleich sein. Der Trick ist, dich nicht als ein hilfloses Opfer zu sehen, **sondern als einen Menschen, der einfach traurig sein darf, so eine Art Heulheld.** Du lässt die Traurigkeit zu Besuch kommen, ohne gleich die Tür zuzuwerfen oder komplett in Panik zu geraten. Du bleibst entspannt, weil du weißt, dass sie auch wieder weggeht. Das Allerwichtigste ist, dass du dabei immer deine eigene Chefin bleibst: Du bestimmst, wie es dir angenehm ist, Kummer zu äußern.

CHECK DIE ABSCHLUSS-CHALLENGE FÜR TIPPS!

EXPERIMENT 3

Bist du diese Woche traurig? Dann versuch mal Folgendes: Lege dich auf den Boden, ins Bett oder, ganz verrückt, auf die Anrichte in der Küche. Lege deine Hände auf den Bauch und spüre, wie sie sich durch deinen Atem auf und nieder bewegen. Wie eine Art Gefühlsforscher spürst du neugierig nach, wo du Kummer verspürst. Wenn Tränen aufsteigen, dann sage zu deinen Tränen:

„Willkommen, Augenseife! Vielen Dank, dass du meine Augen säuberst."

(Oder überlege dir einen anderen Satz, mit dem du dir selbst sagst, dass es in Ordnung ist, was du empfindest.)

Streichle dich selbst?

Was tut jemand, der dich weinen sieht, als Erstes? Dir einen Arm um die Schulter legen oder über die Wange streicheln. Und das kommt nicht von ungefähr: Wenn du berührt wirst, entsteht in deinem Kopf ein ganzer Wasserfall positiver Stoffe, durch die du dich besser fühlst. Wie das Hormon Oxytocin, das dazu führt, dass du anfängst zu kuscheln, deswegen heißt es auch das „Kuschelhormon". Aber was, wenn keiner in der Nähe ist? Dann trickst du einfach dein Gehirn aus!

TRICKSE DEIN GEHIRN AUS

Weit und breit keine Schulter zum Ausheulen? Dann überliste einfach dein Gehirn und tröste dich selbst! Studien zeigen, dass dein Gehirn kaum unterscheiden kann, ob du dich selbst berührst oder eine andere Person. Es werden dieselben positiven Stoffe freigesetzt. Du kannst dich also zum Beispiel selbst trösten oder beruhigen, indem du eine Hand auf dein Herz legst, deine Wange streichelst oder mit deiner einen Hand die andere anfasst. Mach, was sich für dich am besten anfühlt. Das funktioniert auch, wenn du es heimlich machst, damit es keiner merkt. (Praktisch, wenn du im Unterricht sitzt und es ein bisschen seltsam wäre, dir selbst die Wange zu streicheln.) Du solltest dabei aber daran denken, dass du dich mit dieser Berührung selbst trösten möchtest. Sonst funktioniert es nicht!

TIPP

Sprich mit jemandem, wenn du traurig bist. Andere wissen oft nicht, was du empfindest, und fragen daher selten von allein, wie sie dir helfen können. Mach daher selbst den ersten Schritt. Wenn du schon herausgefunden hast, was dich traurig macht, kann der oder die andere dir noch besser helfen. Vergessen, wie das geht? Schau in den Kapiteln 4 und 6 nach!

ECHT WAHR!

Berühren ist lebenswichtig. Äffchen, die nach ihrer Geburt überhaupt nicht mehr berührt wurden, starben innerhalb weniger Monate, selbst wenn sie ausreichend gefüttert wurden.[9] Auch bei Menschen konnte dies nachgewiesen werden: In Waisenhäusern, in denen Kinder nicht berührt wurden, starben viel mehr von ihnen als in den Einrichtungen, in denen mit den Kindern gekuschelt wurde.

Körperkraft

Genug geheult? Fertig mit der düsteren Stimmung? Führe dein Gehirn an der Nase herum, um dich aufzumuntern! Das macht dich froh, was?

ALSO SCHNELL UMBLÄTTERN!

EXPERIMENT 4

Stell dich aufrecht hin, die Arme ausgebreitet und das Kinn leicht angehoben. Wie Könige und Königinnen, die gleich zu ihrem Volk sprechen. Zieh die Mundwinkel hoch und singe jetzt so traurig wie möglich das Geburtstagslied: „Hoch soll ich leben."

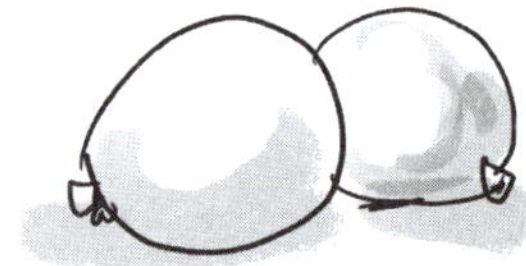

Hat es funktioniert? Wahrscheinlich hast du gar nicht traurig geklungen. Dein Gehirn ist nämlich lammfromm und folgt deinem Körper. Wenn du nicht gebeugt stehst, sondern dich aufrecht hinstellst und lächelst, trickst du dein Gehirn aus. Es denkt dann: Oh, [dein Name] ist offenbar wieder fröhlich, weil er/sie wieder lacht und aufrecht steht. Lass uns wieder ein paar Gutfühl-Stoffe in den Körper pumpen. Wenn du dich also selbst aufmuntern willst, lächele und bewege dich königlich!

TRICKSE DEINE ELTERN AUS

Häufiger erreichen, was du willst, indem du nickst!

JA! JA! JAAAA!

Diesen Gehirntrick kannst du auch anwenden, wenn du mehr Taschengeld willst oder häufiger Fritten zum Essen. Wenn jemand mit dem Kopf ein „Ja" nickt, ist die Wahrscheinlichkeit viel größer, dass er oder sie auch Ja sagen wird. Also: Lass deine Eltern nicken, indem du sie mit dem Blick einem Stift folgen lässt oder selbst während einer Geschichte Nickbewegungen machst. Fangen sie selbst auch an zu nicken? Dann ergreife die Chance und frage, ob es heute Fritten gibt. Die Wahrscheinlichkeit ist groß, dass die Antwort „Ja!" lautet.

FORDERE DEINE ELTERN HERAUS!

Wusstest du, dass du 4 Gesichtsmuskeln benutzt, wenn du lachst, und 42, wenn du die Stirn runzelst? Lachen kostet also viel weniger Energie, als ein betretenes Gesicht zu machen. Und Lachen macht Sorgen leichter. Darum werdet ihr diese Woche gemeinsam einen Fake-Lachen-Wettbewerb durchführen!

Setzt euch einander gegenüber und fangt laut an zu lachen. Wer am längsten durchhält (gespielt oder echt), hat gewonnen.

Hast du gemerkt, dass gespieltes Lachen schnell in echtes Lachen umschlägt? So leicht ist es, sich selbst aufzumuntern!

GEWONNEN?

Der Gewinner darf heute dem oder der anderen einen Auftrag erteilen, beispielsweise den Tisch abzuräumen oder etwas zum Trinken zu holen.

ABSCHLUSS-CHALLENGE

Traurigkeit

Kreuze hier schon einmal an, was du diese Woche ausprobieren wirst, wenn du traurig bist. Und mach es dann auch, wenn es so weit ist!

- ◯ Zeichne, wie du dich fühlst.
- ◯ Höre Musik, die dich tröstet, oder tanze dazu (vielleicht nicht so praktisch auf dem Schulhof).
- ◯ Schreibe selbst ein weinerliches Lied darüber, wie du dich fühlst – das dürfen auch Fantasiewörter sein oder nur Klänge, wie du willst.
- ◯ Schreib auf, was dich traurig macht. Welche Gedanken führen dazu, dass du traurig bist? Was kannst du aus deiner Traurigkeit lernen, und wie versucht sie, dir zu helfen? Du kannst ihr auch einen Brief schreiben, etwa so: „Hallo, Traurigkeit, gut, dass du mich besuchst. Du darfst gern reinkommen, aber ehrlich gesagt hoffe ich, dass du nicht zu lange bleibst. Ich verstehe ja, dass du da bist, weil ....

....

ABSCHLUSS-CHALLENGE VOLLBRACHT? ◯

Dann nichts wie ankreuzen! Hier und am Anfang des Buchs.

Langweiliger Abschnitt für deine Eltern

BETRÜBLICHE NACHRICHTEN FÜR SIE ☺

Ein häufiger Fehler von Eltern ist es, ihr trauriges Kind möglichst schnell wieder aufmuntern zu wollen. So lernen Kinder unbewusst, dass Kummer zu empfinden falsch ist. Sie möchten, dass Ihr Kind nicht mehr traurig ist, aber diese (verständliche) Neigung sollten Sie aufschieben. Trösten Sie Ihr Kind, indem Sie das Gefühl benennen und aufmerksam zuhören. Halten Sie es schlicht und sagen Sie nur: „Oh, hm. Ja, ja, erzähl mal …“ Fragen Sie dann: „Was würde dir denn jetzt gefallen?“ Oder, wenn diese Frage zu schwierig ist: „Können wir uns gemeinsam etwas überlegen, damit du dich besser fühlst?“

10

WERDE DEIN EIGENER GLÜCKS-DJ

Freude

Zwei Kinder überqueren die Straße, ihre Mutter winkt ihnen nach. Ein YouTube-Video zeigt dreimal die gleiche Szene. Du siehst also drei Mal, wie die Kinder die Straße überqueren. Der einzige Unterschied ist die Musik im Hintergrund.
Beim ersten Mal erklingt eine abenteuerliche Musik mit Trommelwirbel, beim zweiten Mal eine fröhliche Melodie, die vermittelt, dass alles in Ordnung ist. Beim dritten Mal sind schaurige Spuklaute zu hören.

SCHAU DIR DAS VIDEO AUF WWW.BAUMHAUSBANDE.COM/DEINKOPFDERSUPERHELD AN

Aufgrund der unterschiedlichen Musik erlebst du den gleichen Film jedes Mal anders. Bei der abenteuerlichen Musik glaubst du, die Kinder gehen auf eine spannende Weltreise.
Bei den schaurigen Spuklauten denkst du: Oje, bestimmt werden die Kinder gleich im Gebüsch von einer unheimlichen Oma mit ultrascharfem künstlichem Gebiss aufgefressen.

Von YOUTUBE zu DEINTUBE

Wie in dem YouTube-Video kannst du als DJ in deinem eigenen Kopf unterschiedliche Musik auflegen! **So kannst du dasselbe Ereignis durch die Musik in deinem Kopf ganz anders erleben.** Die Musikstücke im Kopf sind deine Gedanken. Du weißt schon, die Worte, die du zu dir selbst sagst, ohne sie auszusprechen. Wenn du zum Beispiel auf einer Tanzparty bist, und du sagst dir in Gedanken: „Gleich gehe ich auf der Tanzfläche total ab“, dann hast du Spaß. Aber bei ängstlichen Gedanken wie „Hilfe, ich bin ein Tanztrottel, holt mich hier raus!“ fängst du sofort an zu zittern. (Vielleicht wirst du ja noch berühmt als Erfinder der neusten Tanzrichtung: dem Zittertanz.) Mach das folgende Experiment, um DeinTube selbst zu erfahren.

UNBEGRENZT DEINTUBE? ERZÄHL MIR MEHR!

EXPERIMENT 1

Schau dich einmal gut in dem Zimmer um, in dem du dich gerade aufhältst. Was findest du hier potthässlich? Die Vorhänge zum Beispiel. Und was fehlt dort? Vielleicht ein Spielecomputer oder ein bequemer Sitzsack. Jetzt lege eine Pause ein. Dumdumdideldei ... Achte danach darauf, was dir an dem Zimmer gefällt. Was macht dich froh? Die Farbe der Wand, ein Poster oder dein Haustier, das auf seinem Lieblingsplatz liegt?

Oh ja, solltest du das aus Kapitel 6 vergessen haben: Freude gehört zu den 5 Grundgefühlen. Freude umfasst alle angenehmen Gefühle wie fröhlich, gelassen, zufrieden und begeistert.

Du merkst es vielleicht schon: Je nachdem, worauf du achtest, die angenehmen oder die blöden Dinge, nimmst du den Raum um dich herum als angenehm oder blöd wahr. Vor allem also dein Blick auf die Dinge macht dich froh, nicht die Dinge an sich. Denk mal an Regen. Meistens findest du es doof, nass zu werden. Aber ganz sicher bist du auch schon fröhlich durch Pfützen gehüpft. Eigentlich funktioniert das ganz einfach. Wenn du etwas erlebst und denkst: Das will ich nicht, dann bist du nicht froh. Denkst du: Das will ich gern, dann bist du froh. So kannst du dich sogar freuen, wenn du zur Strafe in der Schule nachsitzen musst, weil dir einfällt, dass du zu Hause noch dein Zimmer hättest aufräumen müssen (gut möglich, dass dein Vater oder deine Mutter es jetzt schon für dich erledigen, die hat die Unordnung doch sowieso am meisten gestört).

Hier folgen ein paar Tipps, wie du dafür sorgen kannst, dass dich deine DJ-Superkraft häufiger froh macht.

STELLE EIN GLÜCKSALBUM ZUSAMMEN

Fülle ein Album mit schönen Fotos, Erinnerungen, Gedichten, witzigen Karten, Bildern und netten Zetteln von Freunden: Dinge, die dir schon früher ein gutes Gefühl vermittelt haben. Schaue in den kommenden Wochen häufiger mal in dieses Album und fühle dich erneut froh und glücklich. Statt einem Album kannst du auch ein Wandposter basteln.

KLAGELIED IM KOPF

EXPERIMENT 2

Nimm deine Armbanduhr und klage eine Minute lang über die Schule.

Und, hat es dich fröhlicher gemacht? Vielleicht hast du gemerkt, dass du vom Jammern nicht froh wirst, sondern schlechte Laune bekommst. Es löst auch selten ein Problem. Wenn du denkst: Bah, es regnet, dann kommt nicht plötzlich die Sonne zum Vorschein. Jammern hilft dir also nicht weiter. Klagst du weniger, wirst du von allein fröhlicher.

FÜGE ETWAS POSITIVES HINZU

Wenn du merkst, dass du jammerst (laut oder im Kopf), stelle deinem Jammern ein „und" nach und füge etwas hinzu, das dich glücklich macht. Zum Beispiel: „Wie doof, dass ich jetzt in die Schule muss … und zum Glück sehe ich dann meine Freunde wieder." Oder: „Pfff, ich habe mein Referat total vermasselt … und ich habe mich sehr angestrengt."

ANLEITUNG ZUM UNGLÜCKLICHSEIN

HOFFE INSTÄNDIG, DASS DEIN VERGNÜGEN NIE VERGEHT

Die schnellste Methode, nicht mehr froh zu sein, ist, inständig zu hoffen, dass dieses Vergnügen **nie vorbei ist**. Wenn eine Party gleich zu Ende geht und du denkst: Wie schade, nur noch eine Stunde, wird es dir gelingen, in Windeseile nicht mehr fröhlich, sondern enttäuscht zu sein.

ERWARTE VIEL!

Spannst du deine Erwartungen so **hoch wie möglich**, dann ist unglücklich werden ein Kinderspiel. Wenn du erwartest, dass alles perfekt läuft, gelingt es dir sicher, enttäuscht zu werden.

Angenommen, du freust dich wahnsinnig auf den Familienausflug in den Vergnügungspark. Erwarte dann, dass du nicht in der Schlange stehen musst, dass du alles essen darfst, was du willst, und dass du (und nur du allein!) bestimmst, zu welchen Attraktionen ihr geht. Wenn du dann vor Ort bist, wird es dir sicherlich stinken, dass du in einer langen Schlange anstehen musst, dass du nicht unbegrenzt Eis essen darfst und auch noch zu den dämlichen Karussells für deinen kleinen Bruder musst. Hurra, es ist dir gelungen, unglücklich zu sein! Der Vergnügungspark wird für dich zum Horrorpark.

VIEL SPASS BEIM UNGLÜCKLICHSEIN!

Superfrage

Keinen Bock aufzuräumen? Die Hausaufgaben öden dich an? Dann habe ich eine Superfrage für dich:

WIE MACHE ICH ES MIR SELBST SCHÖNER?

So kannst du beim Aufräumen zum Beispiel deine Lieblingsmusik auflegen. Tanzend wie Beyoncé räumst du deinen Kram auf. Oder du stellst dir einen Eimer Popcorn neben die Hausaufgaben, als wärst du so ein bisschen im Kino.

Je öfter du dir die Superfrage stellst, desto schöner machst du dir dein Leben. Auch in langweiligen und schwierigen Momenten.

EXPERIMENT 3

Nachdem du die Superfrage gelesen hast, überlege dir, was dich zum jetzigen Zeitpunkt glücklicher machen kann – etwas, das du jetzt auch wirklich tun kannst. Und? Hast du schon etwas? Zum Beispiel ein Erfrischungsgetränk holen, einfach mal lächeln oder gemütlich auf deinem Sitzsack chillen.

DIE SCHNELLSTE METHODE, GLÜCKLICH ZU WERDEN, IST ZU WOLLEN, WAS DU HAST.

Gratisgeschenke

Es gibt einen Trick, wie du dir selbst jede Menge Geschenke machen kannst, ohne Geburtstag zu haben oder dein Sparschwein zu plündern. Wie das geht? Denke einfach an die Dinge, die du schon hast und über die du froh bist. Beispielsweise deinen Spielecomputer, deine Lieblingshose oder Lieblingsmusik. Weil du darüber nachdenkst, wie toll es ist, dass du sie hast, schenkst du sie dir selbst noch einmal. So zauberst du ein Lächeln auf dein Gesicht, und dein Gehirn bekommt einen kostenlosen Shot Frohmach-Stoffe.

EXPERIMENT 4

Du hast doch bestimmt schon einmal eine Liste mit Geburtstagswünschen geschrieben. Lege jetzt eine Liste der Dinge an, die du schon hast und die dich glücklich machen.

Praktische Dankbarkeit

Wenn du weiter darüber nachdenkst, gibt es nicht nur Gegenstände, über die du froh bist, sondern auch andere Dinge, für die du dankbar bist. Zum Beispiel, dass du gesund bist, dass du liebe Eltern, nette Lehrerinnen und tolle Freunde hast. Dass du in einem sicheren Land wohnst. Dass du klug genug bist, diesen Satz zu verstehen. Mit Dankbarkeit meine ich nicht, was dir deine Eltern vermutlich beigebracht haben, nämlich, dass du dich immer schön brav bedankst, wenn du etwas bekommst, auch wenn es nur ein popeliges Geschenk ist wie ein Schulheft oder eine Secondhand-Unterhose. Oft bist du dann nicht echt dankbar, sondern sagst nur danke, weil es sich gehört. Das Schöne daran, wirklich dankbar zu sein, ist, dass es dir ein gutes Gefühl gibt.

Tipp: Höre diese Woche mindestens einmal den Audiotrack „Gratisgeschenke", um (noch) froher zu werden. Die Audiotracks kannst du auf www.baumhausbande.com/deinkopfdersuperheld downloaden.

EXPERIMENT 5

Wofür in deinem Leben bist du froh und dankbar? Schreibe in der Abbildung rechts in jeden Finger etwas Kleines oder Großes, wofür du dankbar bist. Zum Beispiel, dass du jetzt Kleidung trägst (sonst stündest du nackt da).

Diese praktische Dankbarkeitsübung kannst du sehr gut machen, während du auf etwas wartest, auf dem Fahrrad sitzt oder einfach so zwischendurch. Überlege dir immer fünf Dinge, für die du dankbar bist. Nicht vergessen: Je öfter du diese Übung machst, desto glücklicher wirst du!

Hinweis: Wenn du diese Woche durch die Übungen Freude empfindest, genieße sie in vollen Zügen. Es ist aber auch okay für dich, wenn das Gefühl wieder nachlässt. Dann wird die freudige Empfindung weniger schnell abebben, und du hast länger etwas davon.

Lies dazu auch noch einmal die Anleitung zum Unglücklichsein auf Seite 99.

TIPP

Spielt beim Abendessen eine Runde „Yes!". Jeder am Tisch erzählt ein oder zwei Dinge von diesem Tag, für die er oder sie dankbar ist. Danach ruft die Person „Yes!" Natürlich kannst du das vor dem Schlafengehen auch für dich allein spielen.

Du kannst dich auch über Dinge freuen, an die du nicht sofort denkst. Wusstest du zum Beispiel, dass an der Herstellung dieses Buchs Dutzende von Menschen in zig Ländern mitarbeiten? Diese Seite gäbe es nicht ohne Druckerinnen, den Schriftsteller, den Illustrator, Buchhändlerinnen, den Holzhacker der Bäume für dieses Papier. Und wie ist es mit der Tinte für die Buchstaben, der Sonne und dem Regen für die Bäume und so weiter? Schau dich nur mal um. Alles, was du jetzt isst, an Kleidung trägst und besitzt, hast du anderen Menschen und der Natur zu verdanken.

FORDERE DEINE ELTERN HERAUS!

ZUFRIEDENHEITSWETTBEWERB

1. Nehmt etwas zu essen, das ihr beide lecker findet. Beispielsweise eine Tafel Schokolade.

2. Sagt abwechselnd etwas dazu, wem ihr zu verdanken habt, dass dieses Produkt jetzt vor euch liegt.
Du: **„Der Regalauffüllerin, die sie ins Regal gelegt hat."**
Papa: **„Dem Zeichner, der die Verpackung entworfen hat."**
Du: **„Den Kakaobohnen für die Schokolade."**

3. Wer nichts mehr weiß, verliert.

Dann darfst du die Leckerei aufessen! (Aber vielleicht macht es dich glücklicher, wenn du teilst?)

ABSCHLUSS-CHALLENGE

Freude

Spielt das Anti-Jammer-Spiel

Deine Eltern klagen vielleicht noch viel mehr als du. Spiele deswegen das Anti-Jammer-Spiel mit ihnen. Wenn der andere jammert, sagst du „und …“, wonach der Klagende etwas hinzufügen muss, über das er oder sie froh ist.

Notiere die Ergebnisse. Wer am Ende der Woche am wenigsten gejammert hat, gewinnt und bekommt als Preis ein Kompliment vom anderen.

JAHAAA, WEHE DU KLAGST ÜBER DIESEN PREIS!

DIESE WOCHE DAS ANTI-JAMMER-SPIEL GESPIELT? YES!

Setze hier und am Anfang des Buchs ein Kreuzchen für deinen Endpreis.

Langweiliger Abschnitt für deine Eltern

Oft ist die einzige Lektion in Sachen Dankbarkeit, die wir unseren Kindern mitgeben: „Sag artig danke.“ So assoziieren sie Dankbarkeit mit Verpflichtung. Helfen Sie Ihren Kindern, Dankbarkeit zu erfahren. Hilfreiche Fragen: Freust du dich über das Geschenk? Wie fühlt sich das tief in deinem Inneren an? Warum macht es dich froh? Ist vielleicht auch ein Geschenk hinter dem Geschenk? Freust du dich zum Beispiel, dass jemand an dich denkt und sich für dich Mühe gibt? Ist es okay, dass du das bekommst, ohne etwas zurückzugeben? Wie würdest du deine Dankbarkeit am liebsten äußern?[10]

11

MIT NERVIGEN LEUTEN (UND MOBBING) UMGEHEN

Abneigung

Wann hast du zum letzten Mal gedacht: **IGITT!**
Zum Beispiel, als dir in einer überfüllten Straßenbahn ein feuchter Pups entwischt ist, oder vielleicht, als du im Park gesehen hast, wie ein Mann seinen Hund getreten hat. Dann empfindest du das Grundgefühl Ekel, auch Abneigung genannt.

EXPERIMENT 1

Stell dich vor einen Spiegel und denke an ein Kuhauge, das einfach lose auf einem Teller liegt. Das Auge ist so groß wie ein Tischtennisball. Du nimmst es und steckst es dir in den Mund. Kaue ganz langsam darauf, als wäre es eine Kaugummikugel. Beobachte dein Gesicht: Welche Ausdrücke erkennst du darauf?

Vielleicht hast du im Spiegel gesehen, dass du den Kopf abgewendet hast, du bist buchstäblich abgeneigt. Das zeigt an, was du nicht normal findest und was deiner Ansicht nach nicht geht. Abneigung erkennst du an Sätzen wie Es/Er/Sie ist eklig/dumm/gemein/hässlich/unappetitlich/dämlich/trottelig.

Abneigung oder Ekel warnen dich, die Finger von Dingen zu lassen, die sich nachteilig auf dich auswirken. Wie Zigaretten, Kacke essen oder gemeine Menschen. Du kannst es auch als einen Hinweis sehen, dass du etwas unternehmen musst. Wie etwa heimlich den Hund vor dem gemeinen Tierquäler retten.

Der erhobene Zeigefinger

Obwohl Abneigung hilfreich sein kann, steht sie dir auch manchmal ganz schön im Weg – vor allem, wenn du Abneigung oder Ekel gegenüber anderen Menschen empfindest. Warum? Diese Emotion führt oft dazu, dass du dich besser fühlst als andere. Dann denkst du: Der andere ist nicht normal – zum Glück bin ich es sehr wohl! So fühlst du dich für einen kurzen Moment gut, aber auf Dauer bekommst du Angst, die anderen könnten dich auch für nicht normal halten. Wenn du zum Beispiel über jemanden herziehst, der für dich ein Loser ist, hast du im Hinterkopf große Sorge, andere könnten auch dich für einen Loser halten.

Das größte Problem von Abneigung ist, dass du mit erhobenem Zeigefinger beschuldigend auf andere zeigst und dadurch für deine eigenen Fehler und dein Verhalten blind wirst. So findest du zum Beispiel den Lehrer dumm, weil du eine Fünf minus bekommen hast. Dabei lag das doch an dir: Du warst schlecht vorbereitet. Der erhobene Zeigefinger ist damit alles andere als schlau, er ist eher dumm.

Wenn du auf dich selbst neugierig bist, lernst du dich besser kennen und wirst vertrauter mit dir selbst. Mit anderen Worten: Dein Selbstvertrauen wächst.

Superfrage

EXPERIMENT 2

Welche drei Menschen findest du dumm oder nervig? Setze die nervigste Person auf Platz 1.

Weißt du, was witzig ist? Das sind Menschen, denen du dankbar sein solltest. Warum? Nervige Leute sind deine besten Lehrer – sie können dir sehr viel über dich selbst beibringen. Du störst dich oft an Menschen, die dir nicht ähnlich sind. Und genau deswegen sind sie wahrscheinlich gut in Dingen, die du noch lernen kannst. Du als Chaotin ärgerst dich schwarz über deine ordentliche Schwester. Was kannst du also von ihr lernen? Aufräumen, damit du nicht ständig deine Schlüssel suchst. Stört dich das schüchterne, stille Mädchen in deiner Klasse? Dann liegt das vielleicht daran, dass du hin und wieder zu vorlaut bist. Du kannst von ihr lernen, öfter mal die Klappe zu halten.

EXPERIMENT 3

Notiere nachfolgend die drei Namen aus dem vorigen Experiment. Schreibe dahinter, was du von diesen Leuten lernen kannst.

Name	Was nervt dich? →	Was kannst du lernen?
Deine Nachbarin	Zu faul	Geduld
Dein Cousin	Arrogant, grrr	Stolz sein
Deine Mitschülerin Lisa	Patzig und sucht schnell Streit	Früher sagen, was mich ärgert
Dein Freund	Blöd, dass der Geizhals nie Geld ausgeben will	Vernünftig mit Geld umgehen
Dein Vater	Sooo nervig, wenn er sagt: „Das ist doch nicht so schlimm“	Weniger schnell Sorgen machen
1	....	....
2	....	....
3	....	....

Wenn du jemanden für dumm hältst, stell dir immer **die Superfrage: Was kann ich von dieser Person lernen?** Das liefert dir Superkraft für deinen Kopf. Denn so zeigst du nicht auf andere, sondern lernst etwas über dich selbst, und dein Selbstvertrauen wächst. Außerdem findest du andere dann weniger dumm, du bist netter zu ihnen und schon sind alle froh.

ZEIGE MIT EINEM FINGER AUF DEN ANDEREN, UND DU ZEIGST MIT DREI FINGERN AUF DICH SELBST.

Bedauernswerte Quälgeister

Vielleicht fragst du dich: Ist ja nett, dass ich von nervigen Leuten etwas lernen kann, aber **wie gehe ich damit um, wenn Menschen so richtig gemein sind** und andere mobben und quälen?

Ist dir schon mal aufgefallen, dass die Bösewichte in Zeichentrickfilmen es immer genießen, supergemein zu sein? Wie Scar, der seinen eigenen Bruder und Löwenkönig Mufasa mit größtem Vergnügen tötet, um an die Macht zu kommen, Cruella de Vil, die es liebt, niedliche Dalmatinerwelpen zu Pelzmänteln zu verarbeiten, oder die Hexe Gundel Gaukeley, die pausenlos alles versucht, um Onkel Dagoberts Glückszehner zu stehlen.

EXPERIMENT 4

Notiere hier zwei sehr gemeine Bösewichte aus (Zeichentrick-)Filmen und Comics:

1 ....

2 ....

Erinnere dich an etwas ganz Gemeines, was du getan hast. Wie hast du dich damals gefühlt?

Hast du dich schon mal gefragt, warum sich Menschen und Zeichentrickfiguren so gemein verhalten? Manchmal scheint es, als würden sie es genießen, anderen wehzutun. Aber wahrscheinlich haben sie sich gar nicht so gut gefühlt, als sie sich so gemein verhielten – überlege mal, wie das bei dir selbst ist. Menschen sind gemein zu anderen, weil sie unglücklich sind. Obwohl sie von außen stark, cool und manchmal sogar fröhlich wirken, fühlen sie sich von innen elend und klein. Diese Menschen machen einen Denkfehler: Sie glauben, dass sie ihren eigenen Schmerz loswerden, wenn sie anderen wehtun. **Das ist, als würdest du versuchen, deine Grippe loszuwerden, indem du jemanden ansteckst und krank machst.**

Je nachdem, wie sie aufgewachsen sind und was sie erlebt haben, werden Menschen manchmal unglücklich. Vielleicht wurde Gundel Gaukeley einst von Daisy Duck gemobbt, weswegen sie sich jetzt selbst für eine hässliche Versagerin hält. Indem sie den Glückszehner klaut, hofft sie, beliebt und glücklich zu werden. Und der blöde Mobber aus deiner Klasse wird vielleicht schlecht von seinem Vater behandelt. In der Klasse ist er dann fies, damit er wenigstens in der Schule großtun kann.

EXPERIMENT 5

Lies dir deine Antwort vom letzten Experiment noch einmal durch und überlege, warum sich deine Bösewichte denn wohl so gemein verhalten. Zum Beispiel: Cruella de Vil ist früher von einem Hund gebissen worden und hat das nie überwunden. Aus Rache zieht sie ihnen das Fell ab.

Bösewicht 1: ....

Bösewicht 2: ....

Wenn Menschen glücklich sind, haben sie keinen Grund, anderen wehzutun. Glückliche Bösewichte würden daher nur zu sehr langweiligen Comics und (Zeichentrick-)Filmen taugen. Wäre Gundel Gaukeley zufrieden mit sich und dem, was sie hat, gäbe es keinen Grund mehr, Onkel Dagobert das Leben schwer zu machen. Dann würde sie denken: Rutsch mir doch den Buckel runter mit deinem Glückszehner, ich reite auf meinem Besen nach Hawaii! Und wenn der Mobber aus deiner Klasse einen Vater hätte, der ihn liebt, wäre er wahrscheinlich auch viel netter.

Nicht hassen, sondern lassen

Menschen, die verletzt wurden, verletzen also andere. Aber was hilft es dir, wenn du das weißt? Stell dir mal vor, du gehst im Wald spazieren und dir begegnet ein Hund. Der Hund bellt feindselig und zeigt drohend die Zähne. Boah, was für ein böser Hund! Bis du siehst, dass das Tier mit der Pfote in einer Fuchsfalle steckt. In Sekundenschnelle verwandelt sich der Hund von einem bissigen Köter in ein bedauernswertes Tier, dem du helfen willst. So ist das auch mit gemeinen Geschwistern oder mobbenden Mitschülern. **Wenn sie dich quälen, hat das meistens nichts mit dir zu tun – sie sind selbst unglücklich.** Statt Angst solltest du lieber Mitleid für diese bedauernswerten Quälgeister empfinden. Dieses Wissen gibt dir Gelassenheit und Selbstvertrauen. Natürlich ist dein Problem dann nicht sofort vergessen, doch es hilft dir in jedem Fall, dich daran zu erinnern, dass mit dir alles in Ordnung ist.

EXPERIMENT 6

Notiere hier drei Personen, die etwas Gemeines zu dir gesagt haben, und den Grund, aus dem sie das taten. Wenn du es nicht genau weißt, darfst du dir auch selbst etwas ausdenken, was nicht wahr zu sein braucht.

	Gemeine Person	Warum war sie gemein?
1	....	....
2	....	....
3	....	....

Nein sagen (und manchmal Ja)

Wenn du gemeine Menschen besser verstehst, bedeutet das nicht, dass ihr auch Freunde werden müsst. Halte dich vor allem dann fern, wenn du glaubst, dass es für dich besser ist. Und wenn sie bei dir in der Klasse oder im Verein sind? Dann stell dir vor, dass du einen Superhelden-Schutzschild um dich herum hast. Dieser Schild sorgt dafür, dass dir ihre Schikanen nichts ausmachen. Trau dich, deine Grenzen aufzuzeigen, wenn dir die Stimme in deinem Kopf zuflüstert, dass der andere nicht fair zu dir ist. Sage knapp, energisch und emotionslos: „Ich will nicht, dass du mich so behandelst." Oder: „Stopp!" Achte darauf, dass du nicht wütend oder ängstlich klingst. Mach dir nichts daraus, was andere dabei von dir halten. Sorge dafür, dass es dir dabei gut geht – das ist die beste Rache an gemeinen Leuten, denn dann lassen sie dich garantiert links liegen.

OHNE DEINE EIGENE ZUSTIMMUNG KANN DIR NIEMAND DAS GEFÜHL GEBEN, EIN LOSER ZU SEIN.

Was andere finden, können sie ruhig zu den „Fundsachen" bringen.

ECHT WAHR!

Viele berühmte Menschen wurden früher gemobbt: Rihanna, Jennifer Lawrence, Demi Lovato, Selena Gomez, Justin Bieber, Lady Gaga, Max Giesinger, Zac Effron. Sie sagen alle, dass es dich stärker macht, wenn du lernst, mit Schikanen umzugehen. Dann hast du den Rest deines Lebens einen großen Vorteil!

TIPP

Vielleicht glaubst du, dass du ein Weichei bist, wenn du nicht allein damit klarkommst, oder du schämst dich, wenn du zugeben musst, dass du gemobbt wirst. Aber sich zu trauen, in solchen Situationen um Hilfe zu bitten, ist kein Zeichen von Schwäche, sondern eine Superkraft, mit der du gut für dich selbst sorgst.

Mit gleicher Münze heimzahlen

Du kannst es diesem blöden Typen aber auch mit gleicher Münze heimzahlen. Klappt garantiert! Versuch das mal:

Wenn dich jemand beschimpft, neigst du oft dazu, dagegenzuhalten. Blöder Typ: „Du bist ein Trottel." Deine automatische Reaktion: „Stimmt gar nicht, du bist selbst ein Trottel." Aber genau darauf fährt der Typ ab. Weißt du also, wie du ihm am besten beikommst?

Sei mit allem einverstanden, sage zu allem fröhlich Ja, und mach dem anderen Komplimente.

Blöder Typ: „Du bist ein Trottel." Du: „Stimmt, absolut richtig. Toll, dass du das merkst."
Blöder Typ: „Haha, du stimmst mir zu." Du: „Absolut. Was du auch zu mir sagst, ich bleibe innerlich trotzdem froh."
Blöder Typ: „Äääh …"
Wenn er dich noch weiter lächerlich macht, stimme ihm immer voll und ganz zu und mach ihm weiterhin Komplimente. Du glaubst gar nicht, wie enttäuscht er verduftet!

ZUM SCHIEF-LACHEN, SO EIN ENTTÄUSCHTER LOSER!

HEY, DU!
ÄRGERST DU DICH ÜBER DIESEN EWIG LANGEN TEXT? DANN HABE ICH HIER ETWAS FÜR DICH.

5 TIPPS
FÜR DEN BESSEREN UMGANG MIT NERVIGEN MENSCHEN

1. Wenn dich jemand ärgert, stell dir die Frage: „Was kann ich daraus lernen?"
2. Denke daran, dass jemand, der sich gemein verhält, ein Problem mit sich selbst hat.
3. Stell dir vor, du hättest einen Schild um dich, der dich beschützt.
4. Zeige knapp und emotionslos deine Grenzen auf.
5. Sei mit allem einverstanden, was dein Quälgeist zu dir sagt, mach Komplimente und sage zu allem fröhlich Ja!

FORDERE DEINE ELTERN HERAUS!

ÄRGERSPIEL

Von Ärger lässt sich viel lernen. Spiele darum das Ärgerspiel. Angenommen, du spielst es mit deinem Vater.

1. Du fängst an. Du darfst raten, was deinen Vater an dir ärgert.
Zum Beispiel: „Ich glaube, es ärgert dich, wenn ich quengele, um weiter zocken zu dürfen."
Stimmt das? Ärgert sich dein Vater wirklich darüber?
Besprecht, was ER daraus lernen kann.
Vielleicht muss dein Vater auch mal häufiger für sich eintreten, um seinen Willen zu bekommen.

2. Jetzt dein Vater: Kann er erraten, was dich an ihm ärgert?
Zum Beispiel: „Ich glaube, es nervt dich, dass ich hin und wieder lospruste, wenn du eine ernste Geschichte erzählst."
Besprecht, was DU daraus lernen kannst.
Vielleicht solltest du dich manchmal etwas weniger ernst nehmen und über dich selbst lachen!

Wenn du das Ärgerspiel gespielt hast, bekommst du einen Joker, den du einmal einsetzen darfst, wenn dich deine Eltern bitten, etwas zu erledigen. Und deine Eltern … die dürfen dann natürlich nicht verärgert reagieren!

ABSCHLUSS-CHALLENGE

Abneigung

Zur Hölle mit den Schikanen!

NEN VON
ESEN HIER!

Nutze mindestens einmal diese Woche einen Tipp aus diesem Kapitel. Trage hier ein, welchen du anwendest:

....

Bemerke es diese Woche mindestens einmal, wenn du selbst etwas Gemeines gemacht hast. Warum hast du dich gemein verhalten?

....

Wie hättest du glücklicher sein können, damit du nicht gemein hättest sein müssen?

....

FERTIG MIT DER ABSCHLUSS-CHALLENGE?

Setze hier und am Anfang des Buchs ein Kreuzchen für deinen Abschlusspreis. ◯

Langweiliger Abschnitt für deine Eltern

UM SIE ZU QUÄLEN

Nichts ist so schmerzhaft, wie als Kind gemobbt zu werden. Der Trick ist, dem Kind beizubringen, bestimmt zu sein, also sich selbst zu behaupten, ohne aggressiv zu werden. Kinder, die sich behaupten, reagieren knapp und emotionslos auf Quälgeister. Eine starke emotionale Reaktion des Opfers ist ein Zeichen für die mobbende Person, dass sie erfolgreich Macht ausübt. Dadurch wird sie nicht aufhören, den anderen zu schikanieren. Ermutigen Sie Ihr Kind, mit den Tipps aus diesem Kapitel ohne Angst und Wut darauf zu reagieren. So verliert der Quälgeist seine Motivation.

12

ALS KÖNIGIN MISSERFOLGE MEISTERN

Scham

Gehirnalarm! Weil dein Gehirn auch tricksen kann, bringt es dich manchmal in Schwierigkeiten. Das glaubst du mir nicht? Mach das folgende Experiment, um deine Gehirnmagie zu erfahren.

EXPERIMENT 1

Welcher orange Kreis ist größer?

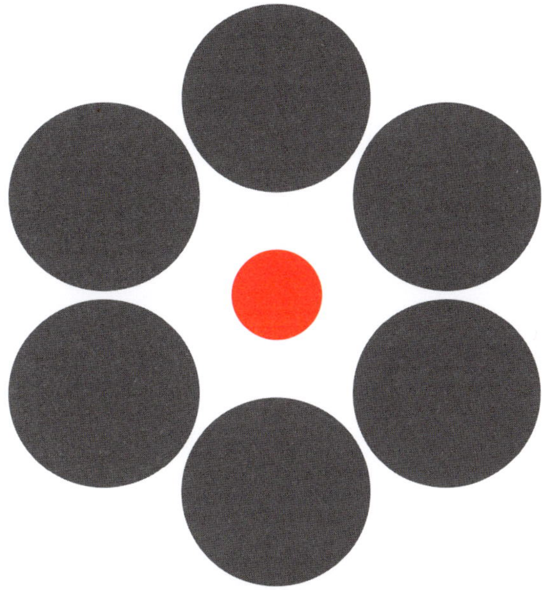

Die beiden orangefarbenen Kreise sind gleich groß.

(JETZT MISST DU WAHRSCHEINLICH GERADE NACH? STIMMT, ODER?!)

So, wie uns diese Abbildung zum Narren hält, halten wir uns auch selbst zum Narren. Wie das? **Wenn wir uns den ganzen Tag mit anderen vergleichen, glauben wir, dass wir kleiner (weniger gut) oder größer (besser) sind als die anderen.**

Stell dir vor, du bist bei der linken Abbildung der orange Kreis, und die grauen kleinen Kreise sind die Menschen, auf die du herabschaust. Dadurch fühlst du dich größer, als du in Wirklichkeit bist. Zum Beispiel: Ich kann besser Volleyball spielen als du, und deswegen bin ich wichtiger als du.

Bei der rechten Abbildung sind die grauen größeren Kreise die Menschen, zu denen du aufschaust. Du fühlst dich dadurch viel kleiner, als du in Wirklichkeit bist. Zum Beispiel: Sie hat viel schönere Haare als ich mit meinem hässlichen Vogelnest auf dem Kopf.

Das Gefühl, besser oder schlechter als andere zu sein, kann dir beträchtlich im Weg stehen und dich unglücklich machen. Darum habe ich ein paar Tipps für dich. Erst gehe ich darauf ein, was du machen kannst, wenn du dich größer fühlst, und danach, wie du damit umgehst, wenn du dich kleiner fühlst.

Dich größer fühlen

EXPERIMENT 2

Frag mal deinen Vater, ob er besser Auto fährt als der durchschnittliche Fahrer.

MÜTTER ÜBERSCHÄTZEN SICH VIEL SELTENER ALS VÄTER!

Was hat er gesagt? Wahrscheinlich „Ja“. Neun von zehn Vätern glauben, dass sie besser Auto fahren als durchschnittliche Fahrer. Aber es kann natürlich überhaupt nicht sein, dass diese Väter so gut Auto fahren, denn dann wären sie alle überdurchschnittlich. Die meisten Menschen überschätzen sich wie dein Vater. Und wie du. Jetzt denkst du vielleicht, dass du, **JA, DU,** wirklich überdurchschnittlich abschneidest. Dass du viel besser bist im Rennen, Rechnen, Fußballspielen, Tanzen, Basteln oder Zuhören und dass du viel schlauer als alle anderen bist, weil du all die Wörter in diesem Buch verstehst. Oder? Ich verstehe schon, warum du das denkst: Dein Kopf zaubert deinen eigenen Kreis größer, wie in der linken Abbildung. So wirkst du um einiges wichtiger, als du eigentlich bist. Aber mit hoher Wahrscheinlichkeit bist du in vielen Bereichen einfach Durchschnitt. Genau wie ich.

Dass du dich selbst ein wenig überschätzt, ist nicht schlimm. Das gibt dir sogar Selbstvertrauen. Aber wenn du dich zu sehr überschätzt, schaust du nicht mehr ehrlich auf deine eigenen Fehler. Denn wenn du deine Fehler zugibst, wird dein Kreis kleiner. Was machst du also, um deinen Kreis zu schützen? Du gibst etwas oder jemand anderem die Schuld. Du verschießt zum Beispiel einen Elfmeter und sagst, dass es an deinen schlechten Fußballschuhen oder der zu engen Unterhose lag – statt zu überlegen, wie du deine Abschusstechnik verbessern kannst.

Außergewöhnlich durchschnittlich

IN EINIGEN DINGEN SEHR GUT? HÄ? JAA, DAS LIEST DU IN KAPITEL 15.

Du bist in einigen Bereichen also durchschnittlich gut, in ein paar Dingen sehr gut und in einigen anderen schwach. Wenn das für dich okay ist, brauchst du dich nicht größer zu geben, als du bist. Du bist einfach ein normaler Mensch. Und dagegen gibt es absolut nichts einzuwenden! Pfff ... was für eine Erleichterung, dass du dich nicht größer (oder kleiner) geben musst, als du bist. Versuch es mal!

TIPP

Lästerst du auch manchmal über andere? Damit versuchst du, den Kreis einer anderen Person kleiner zu zaubern, damit dein Kreis größer wirkt. Wenn du also kurz davor bist zu sagen: „Sie hat zwar eine gute Note auf dem Zeugnis, aber ihr schiefes Gebiss bekommt eine glatte Sechs", denk an die Kreise und schluck das Blabla einfach runter!

HAPPY MIT DEINEM KREIS

EXPERIMENT 3

Stell dich vor den Spiegel und zähle laut immer zwei Dinge auf, die du gut kannst, zwei, in denen du schlecht abschneidest, und zwei Dinge, in denen du durchschnittlich bist. Und denke daran: Niemand ist perfekt, auch ich nicht. Zeige dir selbst dann zwei nach oben gerichtete Daumen und sage laut: „Ich bin okay" oder „Ich akzeptiere mich voll und ganz" oder etwas in deinen eigenen Worten wie „Jippie, ich darf auch durchschnittlich sein". Vielleicht fühlt es sich ein wenig seltsam an, aber das macht nichts. Wiederhole den „Ich bin okay"-Satz diese Woche, sooft du willst laut oder nur leise für dich. So wirst du viel glücklicher mit dir sein – so, wie du bist!

War das schwierig? Vielen Kindern und Erwachsenen fällt es schwer, zuzugeben, dass sie durchschnittlich sind. Wenn du damit kein Problem hast, bist du also überdurchschnittlich gut! Und das bringt dir viel Superkraft für deinen Kopf. Denn wenn du dich selbst größer gibst, als du bist, musst du immer befürchten, irgendwann aufzufliegen. Aber wenn du nichts aufrechterhalten musst, brauchst du keine Angst vor Fehlern zu haben. Das erspart dir eine Menge Sorgen und Grübeln. Außerdem behältst du genügend Energie übrig für Dinge, die du noch nicht kannst. Zum Beispiel die vorhin erwähnte Abschusstechnik in den Griff zu bekommen. Oder zuzugeben, dass du manche Wörter aus diesem **pragmatischen** Buch eigentlich nicht verstehst.

TIPP

Fällt dir auf, dass du dich in dieser Woche größer geben willst? Vielleicht prahlst du mit deinen Gaming-Fähigkeiten oder dem hohen Gehalt deiner Eltern? Gut so! Finde es nicht blöd, sondern klopfe dir selbst auf die Schultern, weil du es geschafft hast, ehrlich zu dir zu sein. Wiederhole anschließend den „Ich bin okay"-Satz laut oder leise für dich.

Dich kleiner fühlen

Hast du im Unterricht schon einmal in einen Trinkbecher gepinkelt, weil du zu faul warst, zur Toilette zu gehen? Nein, natürlich nicht! Du würdest dich zu Tode schämen. Scham führt dazu, dass du dich ordentlich verhältst, damit du auch weiterhin dazugehörst. Trotzdem ist das nicht immer sinnvoll. Dann ist Scham eher ein Dieb, der dir einfach dein Selbstvertrauen nimmt. Zum Beispiel, wenn du dich für dein Referat schämst, für deinen dicken Hintern oder weil du beim Sport immer zuletzt gewählt wirst. Scham vermittelt dir dann das Gefühl, zu den Verlierern zu gehören oder im Vergleich zu den anderen nicht gut genug zu sein.
Und so zauberst du deinen Kreis kleiner, als er in Wirklichkeit ist.

EXPERIMENT 4

Wann hast du dich das letzte Mal geschämt? Zeichne in die Figur rechts, wo du das in deinem Körper gespürt hast (beispielsweise rote Wangen oder einen Knoten im Magen), und schreibe in die Gedankenwolke, was du dabei dachtest.

Vielleicht merkst du, dass der Schamdieb ganz frech versucht, dir dein Selbstvertrauen zu klauen. Du möchtest zum Beispiel im Boden versinken, weil es in der Klasse totenstill bleibt nach deinem schlechten Witz. Und im Handumdrehen denkst du: Was bin ich doch für ein trotteliger Trottel! Wenn du also spürst, dass Scham in dir aufsteigt, gratuliere dir, dass du den Dieb erwischt hast. Versuche, die Scham nicht gleich wegzudrücken, sondern neugierig zu erforschen, wie sich das in deinem Körper anfühlt. Sag im Anschluss zu dem Dieb: „Du darfst zu Besuch kommen, aber du schaffst es trotzdem nicht, mir mein Selbstvertrauen zu nehmen. Ich behalte dich im Auge!"

Überprüfe deine „Rettung in der Not" auf Seite 63.

TIPP

Deine Scham hasst es, wenn du über sie redest. Sprich mit einer Vertrauensperson in deiner Umgebung über die Dinge, für die du dich schämst. Denn wenn du sie aussprichst, schmilzt die Scham wie Schnee in der Sonne.

TRICKSE DEIN GEHIRN AUS!

Wenn ein guter Freund oft zu dir sagen würde: „Trottel, du kannst aber auch gar nichts" oder „Was für eklige Pickel" – wie lange würdest du dann noch befreundet bleiben wollen? Nicht so lange, glaube ich. Während du durchaus manchmal so zu dir selbst redest. Zu deinen Freunden bist du oft viel netter als zu dir selbst. Wenn du dich schämst, hältst du dich selbst für dumm. Zum Glück kannst du dein Gehirn trainieren, trotzdem so nett zu dir wie zu deinen Freundinnen zu sein. Wenn du dich diese Woche schämen solltest, erforsche neugierig, wie sich das anfühlt. Frage dich dann, was du zu deinem besten Freund oder deiner Freundin sagen würdest, wenn er oder sie sich schämen würde. Sage dann dieselben Worte zu dir selbst. Zum Beispiel, dass es doch gar nicht schlimm ist und dass du okay und nett bist. So trainierst du dein Gehirn, freundlicher zu dir selbst zu sein.

KÖNIG trotz(t) Misserfolgen

EXPERIMENT 5

Wie fühlst du dich, wenn du eine schlechte Note bekommst, obwohl du dich doch so angestrengt hast?

- ○ Wie ein Schamschaf
- ○ Wie ein matschiger Haufen Hundekacke
- ○ Wie ein mutiger König oder eine mutige Königin

TIPP

Spiele beim Abendessen eine Runde „Der ruhmreiche Fehler". Jeder am Tisch erzählt von einem Fehler, den er oder sie in der letzten Woche gemacht hat. Und was er oder sie daraus lernen kann. Wenn du über einen Fehler gesprochen hast, bekommst du von allen am Tisch einen großen Applaus.

Wenn du dich für etwas sehr anstrengst und es geht schief, dann ist das nur ein kleiner Fehlschlag, denn du bist eine

MISSERFOLGS-KÖNIGIN

Sich zu trauen, Fehler zu machen, ist nichts für Loser, sondern für Könige und Königinnen, die den Mut haben, zu fallen und tapfer wieder aufzustehen. Stell dir vor, du möchtest ein Vlogger mit vielen Followern werden. Wie besessen machst du Videos, aber die Anzahl deiner Follower bleibt bei drei hängen (deine Mutter, deine Tante und dein eigener Fake-Account). Statt dich zu schämen, kannst du stolz auf dich sein, dass du versuchst, etwas zu erreichen. Deine Misserfolge sind eher Chancen zu lernen, was funktioniert und was nicht, und einmal etwas anderes auszuprobieren. Beispielsweise bessere Videos zu machen oder dir ein ganz neues Hobby zu suchen wie Bowling oder Rotz-Skulpturen meißeln.

TIPP

Führe ein königliches Misserfolgstagebuch. Notiere jeden Tag einen Fehler, auf den du stolz bist, und schreibe auf, was du daraus gelernt hast.

EIN LEBEN OHNE FEHLER IST WIE EINE SCHULE OHNE LEHRKRÄFTE.

FORDERE DEINE ELTERN HERAUS!

MACH MAL WAS PEINLICHES

Willst du dich seltener schämen? Mach dir weniger daraus, was andere von dir denken.
Wie das geht? Mach bewusst etwas Peinliches!

So kommst du dahinter, dass alles gar nicht so schlimm ist. Die Leute beschäftigen sich seltener mit dir, als du denkst. Sie sind nämlich vor allem damit zugange, was andere von ihnen halten! Mach daher heute gemeinsam mit deinen Eltern etwas Peinliches aus der nachfolgenden Liste. Schaut mal, ob ihr über die Situation lachen könnt, und versuche, dich selbst voll und ganz zu akzeptieren.

- ○ Zieht jeweils ein Kleidungsstück voneinander an (du den Pulli deiner Mutter, dein Vater deinen Stirnreif oder deine Basecap) und geht zusammen an einen Ort, an dem viele Menschen sind, etwa in einen Park oder ein Einkaufszentrum.
- ○ Wählt füreinander Tiere aus. Ahmt dieses Tier nach und lauft dabei durch eure Straße. So hüpfst du zum Beispiel wie ein Känguru winkend an deinen Nachbarn vorbei.
- ○ Sagt drei Minuten lang alles, was euch gerade so einfällt.
- ○ Fahrt gemeinsam Aufzug und schaut den Leuten direkt ins Gesicht, statt still vor euch hinzustarren.
- ○ Singt zusammen (und vor allem falsch) ein Lied in einer belebten Straße, und lasst anschließend den Hut rumgehen, um Geld einzusammeln.
- ○ Stellt einem Unbekannten gemeinsam eine seltsame Frage, zum Beispiel: „Wissen Sie, wie spät es war, als die Zeit anfing?"
- ○ Etwas anderes:

....

....

Merke dir, was es für eine Erleichterung ist, wenn du dich selbst akzeptierst und du dir nicht zu viel daraus machst, was andere von dir denken.

Seid ihr so cool gewesen, es zu machen? Wenn ja, darfst du heute Abend eine halbe Stunde später ins Bett!

ABSCHLUSS-CHALLENGE

Scham

Brief an dich

Schreibe diese Woche einen Brief an dich selbst. Denke an etwas, wofür du dich schämst oder worüber du dich ärgerst. Beispielsweise, dass du so furchtbar schüchtern bist oder schnell einen Streit vom Zaun brichst.

Stell dir jetzt einmal vor, dass du dich durch eine Superkraft in deine beste Freundin, einen tollen Lehrer oder in dein Idol verwandelst.

Schreibe anschließend, als wärst du die andere Person, einen freundlichen Brief an dich selbst.

In meinem Fall: Ich schäme mich für meine großen Ohren, und ich stelle mir vor, dass meine Mutter mir einen Brief schreibt. Der lautet so:

TIPP
Schicke dir den Brief zum Spaß mit der Post. Oder bitte deine Eltern, ihn einen Monat später zur Post zu bringen. ÜBERRASCHUNG!

Lieber Wouter,

wie schade für dich, dass du dich für deine großen Ohren schämst. Stimmt, sie sind groß. Aber das macht dich so einzigartig. Ich finde sie schön, weil sie gut zu deinem Kopf passen.

Alles Liebe, deine Mutter

IST ES DIR GELUNGEN, EINEN FREUNDLICHEN BRIEF AN DICH SELBST ZU SCHREIBEN?

Dann setze hier und am Anfang des Buchs ein Kreuzchen für deinen Abschlusspreis.

Langweiliger Abschnitt für deine Eltern

Wenn Sie versuchen, das Selbstvertrauen Ihres Kindes aufzupolieren, indem Sie es nur für die Dinge loben, in denen es gut ist, kann das laut Studien mit Narzissmus, Einsamkeit und Depressionen verknüpft werden. Bringen Eltern ihren Kindern jedoch bei, sich selbst zu akzeptieren, mit allen Fehlern, Schwächen und Durchschnittlichkeiten, entwickelt das Kind eine größere Resilienz, Motivation und die Fähigkeit, aus Feedback zu lernen. Ein wesentlicher Aspekt dabei ist es, das Kind zu loben und auf sein Verhalten hinzuweisen, nicht auf seine Person. Nicht: „Du **bist** ziemlich bequem/klug", sondern: „Was du **getan hast**, ist ziemlich bequem/klug."[11] So lernt das Kind aus Ihrem Sprachgebrauch, seine Leistungen oder Fehler von seinem Selbstwertgefühl zu trennen.

13

BESIEGE DAS BILDSCHIRM-MONSTER

Ablenkung

Stinkt es dir auch manchmal, dass ein Tag einfach so verfliegt? Dass du in etwas gut werden willst, was du magst, aber nicht genügend Zeit dafür hast? Weil du auch zur Schule musst, Hausaufgaben machen und im Haushalt helfen sollst? Leider hast du mit 24 Stunden am Tag zu wenig Zeit, um sowohl Sänger oder Sängerin, professionelle Gamerin, Balletttänzer und Mathegenie zu werden, die Welt zu umsegeln und den Rekord vom reichsten Kind der Welt zu brechen. Und wahrscheinlich willst du auch noch Zeit übrig behalten für ein paar gute Freunde, mit denen du viel Spaß hast oder zu denen du gehen kannst, wenn du ein Problem hast. Für all das musst du Zeit freischaufeln.

ECHT WAHR!

Wie schön wäre es doch, wenn ein Tag aus 25 Stunden bestünde! Darauf wirst du noch eine kleine Weile warten müssen, aber wahrscheinlich wird ein Tag auf der Erde in ferner Zukunft tatsächlich 25 Stunden dauern, weil sich unser Planet immer langsamer dreht.[12] Doch das wird erst in etwa 200 Millionen Jahren der Fall sein. Bis dahin wirst du dich entscheiden müssen, wie du deine wertvolle Zeit verbringst und worin du gut sein willst. Ob das nun Turnen, Vloggen, Zeichnen oder Singen ist.

EXPERIMENT 1

Wofür würdest du gern mehr Zeit haben?
Kreuze in der nachfolgenden Liste an.

NATÜRLICH MEHR ZEIT, UM DIESES MEGA-INTERESSANTE BUCH ZU LESEN!

- ◯ Profifußballer werden
- ◯ Mich öfter mit Freunden verabreden
- ◯ Unfug machen
- ◯ Eine neue Sportart lernen wie Trampolinspringen, Surfen, Eishockey, Fechten
- ◯ Eine berühmte Vloggerin werden
- ◯ Eine neue Sprache lernen, zum Beispiel Chinesisch
- ◯ Ein Kinderbuch schreiben
- ◯ Bei The Voice Kids mitmachen
- ◯ Ein Tierkackemuseum im Zimmer deines Bruders einrichten
- ◯ Dein altes Spielzeug verkaufen
- ◯ Plastikmüll aus der Umgebung aufsammeln
- ◯ Eine neue Fähigkeit erwerben, beispielsweise Programmieren, Jonglieren, Schauspielern
- ◯ Etwas anderes: ....

....

ECHT WAHR!

Dirk Nowitzki begann schon als Kind, Basketball zu spielen, und konnte sich oft nicht mit seinen Freunden verabreden, weil er trainieren musste.

Felix Finkbeiner hielt mit neun Jahren in der Schule ein Referat über den Klimawandel. Er sorgte dafür, dass ein Baum nach dem anderen gepflanzt wurde, um die Klimaerwärmung auszubremsen.

Cristiano Ronaldo spielte jeden Tag nach der Schule stundenlang auf der Straße und auf dem Feld in seinem Viertel Fußball.

Zeit gewinnen

Wenn du das machen möchtest, was du angekreuzt hast, musst du also wie Dirk, Felix und Cristiano Zeit freimachen. Aber woher sollst du die Zeit nehmen? Du hast doch schon so viel zu tun!

EXPERIMENT 2

Was meinst du: Wo kannst du am meisten Zeit für dich gewinnen?

- ◯ Kürzer auf dem Klo hocken
- ◯ Mit der Schule aufhören
- ◯ Nur einmal pro Woche duschen
- ◯ Frühstück, Mittagessen und Abendessen gleichzeitig in den Mund stopfen
- ◯ Weniger auf Bildschirme starren

Schätzungen zufolge verbringst du im Durchschnitt ein Drittel deines Lebens an einem Bildschirm! Da kannst du also eine Menge Zeit einsparen, und die kannst du nutzen, um etwas richtig Cooles zu machen! Obwohl ... Es muss schon auch genügend Bildschirmzeit übrig bleiben, denn es ist natürlich auch toll, zu zocken und Videos anzuschauen. Deine Eltern sehen das vermutlich ganz anders, sie liegen dir damit sicher in den Ohren und möchten am liebsten, dass du nicht zu lange auf den Bildschirm starrst.

Harte Drogen?

Eigentlich schon witzig, dass gerade deine Eltern so nörgeln. Frag sie mal, wie viele Stunden sie in ihrer eigenen Kindheit und Jugend vor dem Fernseher, dem Computer oder der Konsole verbracht haben. Und auch jetzt noch hängen sie wahrscheinlich oft am Telefon oder am Fernseher – während sie ihre Zeit auch lieber mit anderen Dingen verbringen würden (frag sie ruhig mal!). Das zeigt jedoch, wie süchtig Bildschirme machen: Selbst deine Eltern schaffen es nicht, sich davon zu lösen. Eigentlich ist das nicht so überraschend, denn Wissenschaftlerinnen und Wissenschaftler sagen: Soziale Medien, Fernsehen, Internet und Videospiele machen das Gehirn genauso süchtig wie harte Drogen.

EXPERIMENT 3

Stell deinen süchtigen Eltern folgende Fragen:

- Wie viele Stunden pro Tag hängst du durchschnittlich vor einem Bildschirm (Handy zählt auch!)?
- Würdest du gerne weniger Zeit damit verbringen?
- Warum klappt es dann nicht?
- Wofür würdest du deine Zeit lieber nutzen?

TIPP (AUCH FÜR DEINE ELTERN)

Es gibt Apps, die für dich festhalten, wie lange du an deinem Handy daddelst. Lade sie dir ruhig einmal herunter – sie sollen eine Woche lang deine Bildschirmnutzung im Auge behalten. Nicht erschrecken über die Ergebnisse!

Jetzt bist du selbst an der Reihe.
Mach das folgende Experiment.

EXPERIMENT 4

Glaubst du, dass es schon nicht so schlimm ist mit dem Zocken und YouTube? Notiere diese Woche einmal, wie viel Zeit du verbringst mit

- Deinem Hobby/etwas, worin du gut werden willst/deinen Freunden
- Zocken/Vloggs anschauen/sozialen Medien/Handy/Fernsehen

Oder bitte deine Eltern, es für dich zu notieren. Dann sparst du wenigstens ein bisschen Zeit!

SCHALTE DEIN HANDY AUS, DEINE FREUNDE BRAUCHEN DICH.

Aaaaah, Karies im Gehirn!

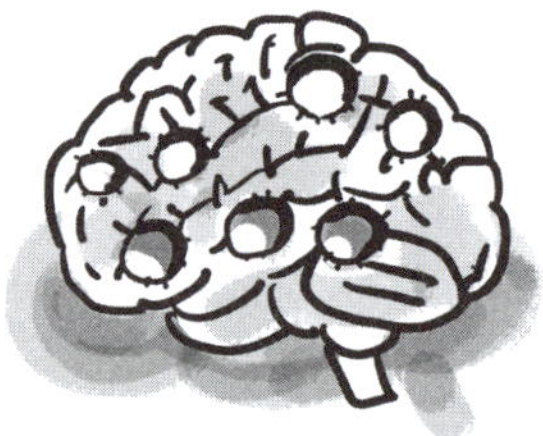

Möchtest du gern faule gelbe Zähne voller Löcher? Natürlich nicht! Also stopfst du dir nicht den ganzen Tag Süßigkeiten in den Mund. So ist das auch mit Bildschirmen. **Auf einen Bildschirm zu starren ist wie Süßigkeiten essen:** Dein Gehirn findet das köstlich. Aber wie bei Süßigkeiten bekommst du davon Löcher – nicht in den Zähnen, sondern im Gehirn. Und wenn du zu lange auf einen Bildschirm guckst, ist das ganz schlecht für dein Gehirn[13] – und wenn es dem Gehirn schlecht geht, geht es auch dir schlecht: Bildschirmsüchtige sind schneller ängstlich, sie sind einsam, schlafen schlechter, können sich weniger gut konzentrieren und sind schlechter im Sport. Zum Glück gibt es eine schnelle Methode, wie dein Gehirn wieder zu Kräften kommt: mehr Bewegung, also viel Sport und draußen spielen.

NICHT VERPASSEN!

Ist es denn nur schlecht für dich, Videos anzuschauen und zu zocken? Aber sicher nicht! Hier ein paar Vorteile von Gaming und Videogucken, die du im Kampf gegen deine Eltern einsetzen kannst:

- Du fällst deinen Eltern eine Weile nicht „zur Last".
- Gamer haben ein schnelleres Reaktionsvermögen.
- Dreißig Minuten Zocken am Tag ist gut fürs Gehirn.[14]
- Wenn man zusammen etwas anschaut, verstärkt das die Freundschaft.
- Du kannst richtig viel lernen auf YouTube (Gitarre spielen, eine Sprache, wie du einen Bumerang aus Papier bastelst).

DAS GLAUBEN DEINE ELTERN NICHT? DANN SOLLEN SIE MAL DIE LITERATURHINWEISE HINTEN IM BUCH LESEN.

EXPERIMENT 5

Das Schöne ist, dass dein Handy und dein Laptop auch gute Freundesmaschinen sein können. Schicke täglich eine nette Nachricht an einen Freund, eine Freundin oder ein Familienmitglied. Du kannst ihnen zum Beispiel ein Kompliment machen, erzählen, warum du die- oder denjenigen magst, oder schreiben: „Ich finde dich cool."

Trage hier schon einmal die Namen der Menschen ein, denen du eine Nachricht schicken willst, und auch an welchem Tag du das machst.

Montag ....
Dienstag ....
Mittwoch ....
Donnerstag ....
Freitag ....
Samstag ....
Sonntag ....

Jetzt weißt du, dass eine Überdosis Bildschirmzeit deinem Gehirn nicht guttut und außerdem dafür sorgt, dass zu wenig Zeit für die Dinge übrig bleibt, die du gern erreichen möchtest. Nimm dir daher vor, weniger auf Bildschirme zu schauen. Klappt es nicht, reiß dir nicht gleich den Kopf ab, sondern versuche es einfach noch einmal. Wenn du trotzdem weiterhin zu viel auf Bildschirme starrst, achte darauf, was du dir ansiehst. Faustregel: Je aktiver es für dein Gehirn ist, desto besser – also lieber Minecraft spielen als Katzenvideos gucken. Entscheide dich lieber für einen interessanten Dokumentarfilm über das Weltall oder über unheimliche Insekten als für einen albernen Zeichentrickfilm, mit dem du nur die Zeit totschlagen willst.

TIPP

ERTEILE DEINEN ELTERN EINE LEKTION

Deine Eltern wollen nichts lieber, als dass du weniger auf Bildschirme schaust. Wenn du das auch für einen guten Plan hältst, kannst du genauso gut auch ein wenig Bares dabei herausschlagen!

Geh ruhig mal zu ihnen und sag: „Ich weiß, dass wir alle nach unseren Handys und Bildschirmen süchtig sind. Aber ich gehe mit gutem Beispiel voran: Leicht wird es nicht, doch ich werde nur noch .... Minuten pro Tag meine Geräte nutzen (am besten etwas weniger, als deine Eltern verlangen). Aber ohne eure Hilfe gelingt mir das garantiert nicht. Ich brauche ein kleines Druckmittel. Wenn ich es diesen Monat jeden Tag schaffe – bekomme ich dann das doppelte Taschengeld von euch?"

FORDERE DEINE ELTERN HERAUS!

BILDSCHIRMFREIE ZEIT

Um deinen Eltern zu helfen, weniger auf ihr Handy zu schauen, vereinbarst du diese Woche mit ihnen, dass ihr eure Bildschirmgeräte zwei Stunden pro Tag in einen Schuhkarton legt. Niemand darf in dieser Zeit an den Karton gehen, und der Fernseher bleibt auch aus! In diesen zwei Stunden ist bildschirmfreie Zeit bei euch zu Hause!

Stelle einen Wecker zur Erinnerung. Wenn du und/oder deine Eltern es geschafft haben, die Geräte eine Woche lang jeden Tag zwei Stunden lang im Karton zu lassen, bekommt ihr einen Preis.

Diese Woche darfst du eine Stunde lang etwas mit deinen Eltern unternehmen. Du darfst bestimmen, was es wird. (Zum Beispiel ein Spiel spielen, oder deine Mutter muss eine Stunde lang eine Kuh nachahmen). Wenn sich deine Eltern nicht an die bildschirmfreie Zeit halten, gewinnst du diesen Preis ebenfalls! Wenn sie es jedoch schaffen, bekommen deine Eltern die dickste Umarmung, die du ihnen je gegeben hast. Oder du sagst einfach: „Na, seht ihr, geht doch!" Das zählt auch.

Wie hast du die Zeit ohne Bildschirm überstanden? Und deine Eltern? Vielleicht hast du gemerkt, dass du ein bisschen entspannter wurdest? Oder warst du eher unruhig, weil du die ganze Zeit über gern auf dein Handy geschaut hättest? Das sind Entzugserscheinungen (Weißt du noch? Soziale Medien und Spiele machen genauso süchtig wie harte Drogen.), und am besten ist es, sie einfach auszusitzen. Irgendwann werden sie weniger, und du merkst, dass du dich wohler und ruhiger fühlst, wenn du weniger auf einen Bildschirm schaust – und dass du diese bildschirmfreie Zeit gut für das nutzen kannst, was du gern erreichen möchtest.

TIPP

EINE APP FÜR WENIGER NACHRICHTEN

Die App Forest ist ein Spiel, bei dem in der Zeit, in der du nicht daddelst, ein Baum wächst. Wenn du doch guckst, stirbt dein Baum, und du kannst nie einen schönen Wald wachsen lassen. Da überlegst du zweimal, bevor du wieder dein Handy checkst!

ABSCHLUSS-CHALLENGE

Kombiniere diese Challenge mit der bildschirmfreien Zeit aus der Rubrik „Fordere deine Eltern heraus“. Dann hast du die Stunden schnell zusammen! Ganz schön clever!

Ablenkung

Bildschirmfreie Tage

Vereinbare mit dir selbst, dass diese Woche ein Wochentag und ein Tag am Wochenende bildschirmfrei sind (wenn du es für die Schule brauchst, zählt das natürlich nicht mit). Kreuze zwei Tage an:

Mo Di Mi Do Fr Sa So

Die Zeit, die du hiermit sparst, kannst du für eine der tollen Aktivitäten nutzen, die du in Experiment 1 angekreuzt hast. Notiere hier, was du als Erstes machst und wann du es machst.

Was? .... **Wann?** ....

ABSCHLUSS-CHALLENGE VOLLBRACHT?

Setze hier und am Anfang des Buchs ein Kreuzchen für deinen Endpreis.

Langweiliger Abschnitt für deine Eltern

Steve Jobs, der Erfinder des iPad, hat seinen eigenen Kindern verboten, ein iPad zu benutzen, weil er sich der Gefahren und Nachteile des Geräts bewusst war. Kinder, die verstehen, warum es ungesund ist, zu viel fernzusehen oder auf ihr Telefon zu starren, halten sich viel mehr an Regeln als Kinder, die glauben, dass sie nicht mehr fernsehen dürfen, weil ihre Eltern den Chef heraushängen lassen wollen.[15] Und denken Sie an die beste Medizin: Einem guten Beispiel folgen gute Taten.

14

NUTZE DEN GEHEIMEN BUMERANG

Freundlichkeit

Angenommen, du lächelst irgendeine Frau auf der Straße an. Aufgemuntert von deinem Lächeln ist sie freundlicher als sonst zur jungen Kassiererin im Supermarkt. Die kommt dadurch etwas fröhlicher nach Hause zu ihrem Vater, der zufällig dein Lehrer ist. Er trägt gerade deine Zeugnisnoten ein. Weil seine Tochter so fröhlich ist, entscheidet er sich im Zweifel für den Angeklagten: ein knappes Ausreichend für Englisch, wodurch du gerade so doch nicht sitzen bleibst. Kein schlechtes Ergebnis für ein einziges kleines Lächeln! Dein Verhalten ist wie ein Bumerang: Bist du freundlich, bekommst du Freundlichkeit zurück.

EXPERIMENT 1

Was ist das Netteste, was je jemand für dich getan hat? Hat dir jemand mal unerwartet ein Geschenk gemacht, deine stinkenden Zehennägel geschnitten oder dir geholfen, als es dir sehr schlecht ging?

Das fühlte sich bestimmt gut an. Und umgekehrt ist es auch ein schönes Gefühl, wenn du etwas Nettes für andere tust. Einer alten Dame über die Straße zu helfen zaubert nicht nur ihr ein Lächeln ins Gesicht, sondern auch dir. Machst du andere glücklich, machst du dich selbst glücklich.

ULTRANETT

EINE WAHRE GESCHICHTE

Zac ist an Krebs erkrankt. Er geht zwar noch zur Schule, doch seit Kurzem hat er keine Haare mehr. Sein Mitschüler und bester Freund Vincent kommt mit einer Basecap in die Schule und ruft: „Überraschung!“ Er lüftet die Cap, und Zac sieht, dass sich Vincent den Kopf kahlrasiert hat. Zac strahlt bis über beide Ohren. Zum Glück hat Zac seinen Krebs inzwischen besiegt.

ECHT WAHR!

Forschenden zufolge ist Freundlichkeit von allen Superkräften in deinem Kopf eine der stärksten: Freundliche Menschen leben länger, sie sind gesünder, glücklicher, erfolgreicher und erreichen häufiger, was ihnen wichtig ist. Darum bekommst du diese Woche Tipps und Tricks, wie du (noch) freundlicher werden kannst.

Nettigkeit

EXPERIMENT 2

Was glaubst du: Ist deine Freundlichkeit angeboren, genau wie die Farbe deiner Augen? Oder kannst du sie erlernen wie Klavierspielen? Kreuze an:

○ angeboren ○ erlernt

Lies die folgende Geschichte für die Antwort.

Zwei Wölfe

Hassan sitzt mit seinem Opa an einem Lagerfeuer. Hassan fragt: „Opa, sind Menschen von sich aus gut?" Opa antwortet: „In mir herrscht ein Kampf zwischen zwei Wölfen. Der graue Wolf ist böse; er ist voller Wut, Neid, Rache, Arroganz, Unehrlichkeit, Geiz und (Selbst-)Hass. Der braune Wolf ist gut und steht für Fröhlichkeit, Zufriedenheit, Hoffnung, Ruhe, Freundlichkeit, Wahrheit und Liebe. In jedem Menschen kämpfen diese beiden Wölfe miteinander. Auch in dir." Der Junge starrt ins Feuer und fragt dann: „Welcher Wolf wird den Kampf gewinnen?" Opa lächelt und antwortet: „Der Wolf, den du fütterst."

Zum Glück kann man Freundlichkeit also erlernen, wenn man den braunen Wolf füttert und den grauen Wolf hungern lässt. Aber warum haben wir dann nicht alle einen fetten braunen Wolf in uns und sind superfreundlich zueinander? Nett sein ist leichter gesagt als getan. Freundlichkeit ist so schwierig, weil dir dein grauer Wolf oft rücksichtslos in die Ohren jault: **„ICH, ICH, ICH, UND DER REST KANN MICH MAL!"** Dadurch bist du manchmal taub für deinen braunen Wolf und denkst nur an dich. Zum Beispiel, wenn du den letzten Schokoriegel ganz allein isst, weil du Hunger hast (grauer Wolf), statt deinem Bruder die Hälfte abzugeben, nachdem er dich darum gebeten hat (brauner Wolf).

TRICKSE DEIN GEHIRN AUS

Binde dir ein Bändchen ums Handgelenk. Wechsle jedes Mal den Arm, wenn du dich dabei erwischst, dass du unfreundlich bist. Wenn du zum Beispiel jemanden mobbst, geizig bist, dich vordrängelst oder eine blöde Bemerkung machst. Sei stolz darauf, dass du es merkst. Und dein Gehirn wird schnell merken, dass es nervig ist, jedes Mal das Bändchen zu wechseln – und besser aufpassen. So wächst dein brauner Wolf.

Das Geheimnis von Freundlichkeit

Ist es freundlich,

einer alten Frau beim Überqueren der Straße zu helfen, nur um den Freund oder die Freundin zu beeindrucken?	○ JA	○ NEIN
ein teures Geschenk zu machen, um am eigenen Geburtstag ein mindestens ebenso großes Geschenk zu bekommen?	○ JA	○ NEIN
ein Kompliment zu machen in der Hoffnung, selbst eines zurückzubekommen („Schöne Schuhe! Wie findest du meine?")	○ JA	○ NEIN

Dreimal nein! In diesen Beispielen bist du nur gespielt nett. Das Geheimnis von Freundlichkeit ist, etwas für einen anderen zu tun, ohne eine Gegenleistung zu erwarten. Auch keinen Applaus.

„WAHRE FREUNDLICHKEIT IST, GUTES ZU TUN, OHNE ZU WISSEN, OB DER ANDERE ÜBERHAUPT MERKT, DASS DU ETWAS FÜR IHN TUST."

Oprah Winfrey

EXPERIMENT 3

Lege dein Buch einmal kurz zur Seite und mach etwas Freundliches für jemanden, ohne dich dabei erwischen zu lassen. Räume für deine Mutter das Wohnzimmer auf, stelle ein umgefallenes Fahrrad wieder hin, harke die Blätter in irgendeinem Garten, lege morgen heimlich einen Zettel mit einem Kompliment in die Schultasche eines Mitschülers oder einer Mitschülerin, stecke dein Taschengeld mit einer Karte in den Briefkasten (armer) Leute: „Kauft etwas Schönes davon. Grüße, ein Unbekannter"

„GLÜCK HÄNGT DAVON AB, WAS DU GEBEN KANNST, NICHT, WAS DU BEKOMMEN KANNST."

Winston Churchill

Wie ist es gelaufen? Hat es dich glücklich gemacht? Schön für dich! Aber es ist auch in Ordnung, wenn du nichts dabei empfindest, denn es muss nichts einbringen.

Hinweis: Verwechsle Nettigkeit nicht damit, andere auf dir rumtrampeln zu lassen. Wenn dein Freund oder deine Freundin dich fragt, ob sie dein Tagebuch lesen dürfen, hast du das Recht, Nein zu sagen. Wenn du nicht nett zu dir selbst bist, ist es echt schwierig, zu anderen nett zu sein. Der Trick ist, nett zu anderen zu sein und dabei auch zu berücksichtigen, was du selbst möchtest.

Die Kraft des Gebens

Wenn du Dinge weggibst, ist das ein Festschmaus für deinen braunen Wolf, und du wirst selbst froh. Geben macht glücklich, ist manchmal aber ziemlich schwierig. Denn wenn du etwas weggibst, das dir sehr lieb ist, wie deine coole Sonnenbrille oder den letzten Bissen von deinem Lieblingsessen, flüstert der Geizkragen in dir (der graue Wolf): „Nicht weggeben! Sonst hast du selbst zu wenig!" Am besten ignorierst du diese Stimme und bestimmst selbst, ob du etwas weggeben willst. Probiere es mal aus!

EXPERIMENT 4

Verschenke heute etwas, zum Beispiel Zeit (statt zu zocken, hörst du dem Klavierspiel deiner Schwester zu), Geld (du spendest einen Teil deines Ersparten für einen guten Zweck) oder Sachen (du schenkst deiner besten Freundin deine schöne Kette). Wähle in jedem Fall etwas, das dir schwerfällt, wegzugeben. Bemerke es, wenn dein grauer Wolf dir ins Ohr flüstert, es nicht zu tun. Mach es danach trotzdem, weil du es schön findest, anderen etwas zu geben.

Süße Geschichte

Ein Mädchen hat zwei Äpfel in der Hand. Ihre Mutter fragt: „Bekomme ich einen deiner beiden Äpfel?“ Das Mädchen zögert und nimmt von jedem Apfel einen Bissen. Ihre Mutter ist enttäuscht. Dann reicht ihr das Mädchen einen der Äpfel und sagt: „Hier, Mama, ich habe sie beide probiert, und dieser ist süßer, bitte schön!“

Die Kraft von Komplimenten

Darf ich dir ein Kompliment machen?

Schön zu hören? Bestimmt. Jeder lässt sich gern von Komplimenten verwöhnen. Ein Kompliment ist eine Art Geschenk. Machst du ein ernst gemeintes Kompliment, fühlt sich dein Gegenüber gut. Dadurch kommst du leichter ins Gespräch, und so macht man sich Freunde.

Wovon handeln Komplimente? Dafür gibt es vier Möglichkeiten:

1. Darüber, wie jemand aussieht („Du hast aber schöne lange Zehen!“)
2. Darüber, was jemand hat („Was für ein wunderbar leuchtendes Kopfkissen!“)
3. Darüber, was jemand kann („Wow, wie cool, dass du mit deiner Zunge deine Nasenspitze berühren kannst!“)
4. Darüber, wie jemand ist („Was bist du witzig!“)

EXPERIMENT 5

Stell dich vor den Spiegel, und mach dir selbst ein Kompliment.

JETZT ABER NICHT GLEICH ÜBERTREIBEN!

Die meisten Leute bekommen am liebsten Komplimente über die beiden letzten Dinge: was sie können und wie sie sind. Du auch? Wenn du jemandem ein Kompliment machen willst, dann am besten so:

Toll, dass du so gut …… kannst.

Weißt du, was ich so schön an dir finde? Du bist echt …

Hier ein paar Wörter, die dir auf die Sprünge helfen können:

UNTERHALTSAM
RELAXED KREATIV
MUTIG SOZIAL
LIEB
ROBUST COOL NETT
FRÖHLICH

Du brauchst ein wenig Inspiration? Schau mal auf www.baumhausbande.com/deinkopfdersuperheld. Dort findest du eine Liste mit fünfzig netten Dingen, die du machen kannst.

Du-Zeit

Du musst ja nicht gleich ein Heiliger sein, aber fang mal mit fünf Minuten Du-Zeit pro Tag an: Du tust etwas für jemanden, ohne eine Gegenleistung zu erwarten. Zum Beispiel deine Oma anrufen, einem Kind, das du nicht kennst, ein Bonbon anbieten oder jemandem ein umwerfendes („Wow“-)Kompliment machen. Überlege dir im Vorhinein, was du diese Woche machen könntest. Dann hast du täglich noch 23 Stunden und 55 Minuten für dich selbst übrig.

TIPP

Gib deinen Komplimenten den „Wow-Faktor“ und mache sie so besonders wie möglich. Also nicht: „Gut gemacht“, sondern: „Wow, du kannst das Alphabet aber echt toll rülpsen!“

Die Kraft des Gedankenlesens

Wusstest du, dass du ganz ohne Glaskugel die Gedanken eines anderen Menschen lesen kannst? Dazu brauchst du einzig und allein deine Ohren: Wenn du einem Menschen sehr gut zuhörst, weißt du besser, was er oder sie wirklich denkt. Du verstehst den stillen Jungen in deiner Klasse erst wirklich, wenn du weiterfragst, wie es in ihm aussieht. Du fragst dich vielleicht, was daran freundlich sein soll. In dem Moment, in dem du einen Menschen besser verstehst, fühlt sich der oder die andere verstanden. Das findet jeder angenehm, sogar dein brummiger Onkel oder die grantige Nachbarin. Zuhören ist etwas, das du also nicht nur für dich machst, sondern auch für andere.

Jetzt ist es an der Zeit, dir den Code für die beste Zuhörtechnik der Welt zu geben. Hiermit kannst du die Gedanken jedes Menschen in jeder Situation lesen. Der Code lautet: **ZuZuNa (Zuhören, Zusammenfassen, Nachfragen)**. Nachfolgend bekommst du die ganze Technik in Kurzfassung, erläutert an einem Beispiel:

Dein Freund weint sich bei dir aus, weil seine Katze Sammy plötzlich gestorben ist.

Zuhören: Höre gut zu, was dein Freund sagt. Benutze Laute und kurze Wörter, um ihn zum Sprechen zu ermutigen: „Mmmh …“, „Uuh …“, „Erzähl …“ Fülle die Pausen nicht mit Dingen, die du selbst erlebt hast. Du sagst also auf keinen Fall: *„Mein Hamster ist auch tot. Ich bin eigentlich ziemlich erleichtert, dass er jetzt unter der Erde liegt. Ich musste jeden Tag seinen Käfig saubermachen.“*

Zusammenfassen: Du fasst kurz zusammen, was dein Freund gesagt hat. Frage, ob deine Zusammenfassung richtig ist. So prüfst du, ob du es verstanden hast, und zeigst gleichzeitig, dass du zuhörst. Zum Beispiel: *„Du findest es also furchtbar, dass du nicht dabei warst, als Sammy zum Tierarzt musste?“*

Nachfragen: Du stellst weitere Fragen zu dem, was dein Freund gerade erzählt hat. Hake vor allem an den Stellen nach, die du in der Geschichte interessant fandest. *„Vermisst du es besonders, dass sich Sammy immer zu dir auf den Schoß gesetzt hat?“*

EXPERIMENT 6

Geh jetzt zu jemandem bei dir zu Hause und übe die ZuZuNa-Technik. Wenn niemand da ist, rufst du jemanden an. Beiße dir auf die Zunge, wenn du merkst, dass du über dich selbst reden willst.

Wie ist es gelaufen? Ganz schön schwierig, nicht von dir selbst anzufangen, was? Wenn du die ZuZuNa-Technik jeden Tag fünf Minuten übst (in einem beliebigen Gespräch, zum Beispiel mit einer Freundin, deinem Trainer, dem Nachbarn, der Familie), wirst du garantiert richtig gut im Gedankenlesen! Merke: Wenn du nur redest, wiederholst du häufig, was du schon weißt. Wenn du zuhörst, hilfst du nicht nur anderen, sondern lernst auch oft etwas Neues.[16]

Die Kraft des Zuhörens

Wenn jemand an einem Problem knabbert, möchtest du vielleicht am liebsten sofort Lösungen vorschlagen. Doch wenn du der Person zuhörst, hilft ihr das oft mehr als gute Ratschläge. Stell dir zum Beispiel mal vor, dass deine beste Freundin sitzen gelassen wurde. Vielleicht möchtest du sie trösten, indem du ihr sagst: „Dann such dir doch einfach einen neuen Freund. Jungs gibt's wie Sand am Meer!" Dabei möchte deine Freundin sich nur ein bisschen bei dir ausheulen. Du solltest also lieber Fragen stellen und zuhören, damit du erfährst, was sie fühlt und denkt. Das tröstet sie.

FORDERE DEINE ELTERN HERAUS!

KOMPLIMENTE-WETTBEWERB

Das hast du bestimmt auch schon mal gesehen: Kinder, die heimlich Zettel mit gemeinen Botschaften auf die Rücken anderer Leute kleben, wie „Tritt mich". Ihr macht das auch gegenseitig bei euch, aber mit Komplimenten! Beispielsweise für deine Mutter: „Es war nett, dass du wieder beim Judotraining zugeschaut hast." Klebt euch den ganzen Tag über Post-its auf den Rücken, am besten, ohne dass der andere es merkt! Wer diese Woche die meisten Komplimente-Zettel auf den Rücken des anderen kleben konnte, hat gewonnen.

Kleine Mühe, große Freude, so ein Zettel! Wem kannst du sonst noch Zettel mit Komplimenten ankleben?

Überlegt euch gemeinsam einen richtig fetten Preis!

Preis, wenn einer deiner Eltern gewinnt:

....

Noch fetterer Preis, wenn du gewinnst:

....

ABSCHLUSS-CHALLENGE

Du kannst auch mit dem Audiotrack „Wunschsätze" üben. Du findest ihn auf www.baumhausbande.com/deinkopfdersuperheld.

Wunschsätze

Freundlichkeit

Wenn du viele negative Wörter denkst, wird dein Gehirn sozusagen in eine negative Form geknetet. Denkst du zum Beispiel oft das Wort „aber", bekommst du eine besserwisserische „ja, aber"-Haltung. Umgekehrt wirkt es auch: Denkst du freundliche Wörter und Sätze, wirst du netter. Eine besonders starke Methode, um deine Freundlichkeit zu trainieren, sind Wunschsätze. Das sind Sätze, mit denen du dir selbst oder anderen Gutes wünschst.

WAS WIRST DU TUN?

Nimm dir diese Woche jeden Morgen eine Minute Zeit, um einen netten Wunsch für dich selbst zu wiederholen. Zum Beispiel: Ich wünsche mir, dass ich glücklich und zufrieden bin. In der zweiten Minute wiederholst du einen netten Wunsch für einen anderen Menschen. Zum Beispiel: Ich wünsche dir, dass du den entscheidenden Treffer machst. So knetest du dir ein superfreundliches und fröhliches Gehirn!

TIPP

Du kannst Wunschsätze auch heimlich anwenden. Wünsche deinem übellaunigen Nachbarn im Stillen einen guten Tag. Oder wünsche dir selbst im Unterricht Glück. So trainierst du die Superkraft Freundlichkeit, ohne dass es jemand mitkriegt.

DIESE WOCHE MIT DEN WUNSCHSÄTZEN GEÜBT?

Dann setze hier und am Anfang des Buchs ein Kreuzchen für den Abschlusspreis.

Langweiliger Abschnitt für deine Eltern

Viele Kinder würden gern mehr Komplimente machen, aber sie haben oft nicht den Wortschatz dafür. Hängen Sie eine Wörterliste für Komplimente in einem gemeinsamen Raum auf, zum Beispiel in der Küche an den Kühlschrank. Jedes Mal, wenn Sie ein neues Wort für eine bestimmte Qualität entdecken, schreiben Sie es auf die Liste. Das ist dann auch gleich eine gute Übung für Sie selbst.

15

MACH DEINE KÜHNSTEN TRÄUME WAHR

Tatkraft

Willst du berühmt werden? Wahrscheinlich ja. Für viele Kinder ist Berühmtwerden nämlich eines der wichtigsten Ziele in ihrem Leben. Vermutlich glaubst du, dass du dann alles bekommst, was du willst: Komplimente, Freunde, Geld in Hülle und Fülle, Freizeit, Süßigkeiten, das Mädchen oder den Jungen deiner Träume und einen Butler, der dir die Schnürsenkel bindet und den Hintern abwischt. Eine ganze Menge Kinder glauben auch tatsächlich, dass sie berühmt werden.

Ich will dir diese Träume nicht zerstören (oder eigentlich doch, sorry!), aber die Wahrscheinlichkeit, dass du berühmt wirst, ist ziemlich klein. Und wenn es doch klappt, wird es dich wahrscheinlich nicht glücklich machen. Glücklich wirst du, wenn du Dinge tust, die dir Spaß machen und dir wichtig sind.

Experiment 1

Was würdest du tun, wenn du wüsstest, dass alles klappt, egal, was du tust? Was ist dein größter Traum? Beispielsweise den Mount Everest erklimmen, die Armut aus der Welt schaffen, Schauspieler werden, den Klimawandel stoppen oder ein Wahnsinnsunternehmen gründen, damit du wie Dagobert Duck buchstäblich im Geld schwimmen kannst*? Schließe für eine Minute die Augen und stelle dir deinen allergrößten Traum möglichst lebendig vor. Schreibe ihn hier auf:

Mein allergrößter Traum:

*Ziemlich eklig, in Geld schwimmen! Auf jedem Euroschein befinden sich ungefähr 11.000 Bakterien. Du kannst mir dieses schmutzige Geld gern schicken, ich entsorge es für dich.

Was du dir da im Kopf ausgedacht hast, ist etwas ganz Besonderes: Ein einziger Traum, gemacht aus Luft (oder eigentlich aus kleinen elektrischen Strömen in deinem Gehirn), kann nicht nur dein eigenes Leben auf den Kopf stellen, sondern auch das vieler anderer Menschen. Deine Traumkraft ist daher eine Superkraft. Lies hier die wahre Geschichte von Mary.

ECHT WAHR!

Mit zwölf Jahren träumte Mary davon, mindestens einem armen Mädchen aus einem Entwicklungsland zu helfen, indem sie ihr Schulgeld bezahlte, damit das Mädchen zur Schule gehen konnte. Sie begann, selbst gemachten Haarschmuck zu verkaufen. Inzwischen hat sie schon über 11.000 Schmuckstücke verkauft, und dank ihrer Hilfe können mehr als 100 Mädchen zur Schule gehen!

Deine Traumkraft in die Tat umsetzen

Es gibt nur ein Problem bei Träumen. Sie werden oft nicht wahr. Weißt du, warum? Viele Menschen verwirklichen ihre Träume nicht, weil sie zu ängstlich sind, den ersten Schritt zu machen. Lieber schieben sie ihn mit einer Ausrede auf: „Das mache ich dann später." Und manche Leute finden es auch praktisch, nur Tagträume über ihre Träume zu haben, denn wenn man seinen Träumen nicht nachjagt, können sie auch nicht platzen!

Manche Menschen gehen auch den ersten Schritt, springen dann aber schnell wieder ab. Wie das kommt? Manchmal scheinen unsere Träume so leicht umsetzbar, weil es bei anderen so leicht aussieht. Aber der Schein trügt. Der Kabarettist, der riesige Säle füllt, hat sich Hunderte Stunden lang am Schreibtisch Gags ausgedacht. Er hat endlos geübt und Tausende Male erlebt, dass nach einem seiner Witze einfach nur eine peinliche Stille eintrat. Wenn du etwas erreichen möchtest, darfst du also nicht zu schnell aufgeben.

Oft sind die Dinge, in die du viel Arbeit gesteckt hast, die interessantesten und schönsten in deinem Leben. Deswegen helfe ich dir in diesem Kapitel, deine kühnsten Träume in nur vier Schritten zu verwirklichen – damit du nicht zu früh wieder abspringst oder in die beschissene „Mache-ich-später"-Falle tappst.

SPOILER ALARM

Manchmal verlierst du deinen Traum, oder dein Plan geht schief. Das ist überhaupt nicht schlimm. Gerade in dem Versuch, deinen Traum zu verwirklichen, steckt der Spaß. Und unterwegs kreuzen oft auch wieder andere Träume deinen Weg, die noch besser zu dir passen. Hauptsache, du versuchst es weiter!

1. Aufwachen!

Große Träume beginnen oft mit kleinen Schritten. Als kleiner Junge träumte Neil Armstrong davon, irgendwann einmal zum Mond zu fliegen. Dafür tat er alles: Dutzende Bücher über das Weltall lesen, sich in der Schule sehr anstrengen, Briefe an Weltallexperten schreiben … 1969 setzte Neil mit 39 Jahren als erster Mensch einen Fuß auf den Mond. Jeder Schritt auf dem Weg zu deinem Traum hilft. Das Wichtigste ist vor allem anzufangen.

EXPERIMENT 2

Schau dir noch einmal den Traum an, den du aufgeschrieben hast. Welchen ersten kleinen Schritt kannst du machen, um dein Ziel zu erreichen? Zum Beispiel Schauspielunterricht nehmen, Tutorial-Videos auf YouTube anschauen oder dich als Freiwilliger bei Greenpeace anmelden. Schreib auf, wann du das auch wirklich machen wirst.

Baby-Schritt

....

....

Wann machst du ihn?

....

....

TIPP

~~ICH KANN ES~~ DU KANNST ES

Was glaubst du, wie viele Wörter du jede Minute zu dir selbst sagst? Etwa dreihundert bis tausend! Studien zeigen, dass du dir leichter einen kleinen Schubs geben kannst, wenn du in der zweiten Person zu dir sprichst statt in der ersten, also wenn du DU statt ICH sagst. Willst du dir selbst Mut machen, beispielsweise, weil du deinem Freund einen Kuss geben möchtest, dich aber noch nicht so richtig traust, dann solltest du lieber zu dir sagen „Du kannst das!" als „Ich kann das!".

2. Willenskraft!

Manchmal möchtest du zu viel, und manchmal hast du zu überhaupt nichts Lust. Wenn du gelangweilt auf dem Sofa hängst, denkst du: Der Traum, Profi-Basketballer zu werden, hat auch bis morgen Zeit. Mit Willenskraft kannst du dich zu etwas bringen, vor dem du zunächst etwas zurückschreckst. Zum Beispiel für eine gute Note doch deine Hausaufgaben zu machen, obwohl du lieber zocken möchtest. Aber pass auf! Deine Willenskraft ist wie ein Akku! Ist er leer, ist das Spiel vorbei. Für die Hausaufgaben, denn fürs Zocken brauchst du keine Willenskraft. Zum Glück habe ich einen Supertrick für dich, um möglichst viel Willenskraft zu sparen, damit genügend Akku für die Verwirklichung deines Traums übrig bleibt.

„SPÄTER, WENN ICH GROSS BIN – DARAUF WARTE ICH DOCH NICHT!"

Loesje

DER „WENN-DANN"-TRICK

Oft kennst du deine eigenen Fallstricke schon gut. Aus Erfahrung weißt du zum Beispiel, dass du nach der Schule meistens wie ein Sack Kartoffeln aufs Sofa fällst, weil du so müde bist. Diese Falle kannst du umgehen, wenn du dir vorher lebhaft ausmalst, wie du dich am liebsten verhalten möchtest, wenn du aus der Schule kommst. Zum Beispiel: „Wenn ich kurz davor bin, mich aufs Sofa fallen zu lassen, dann programmiere ich mein eigenes Spiel." Oder: „Wenn ich morgens meine Schnürsenkel binde, dann mache ich anschließend die Atemtechnik aus Kapitel 7." Der Trick ist, sich die Situation vorher so klar wie möglich vorzustellen – das hilft, sich an die eigenen Vereinbarungen zu halten. Studien haben gezeigt, dass die Wahrscheinlichkeit, dadurch sein Ziel zu verwirklichen, dreimal so groß ist, weil man mit diesem Trick weniger Willenskraft braucht.

EXPERIMENT 3

Welche Fallstricke könnten auf dem Weg zur Verwirklichung deines aufgeschriebenen Traums liegen?

	Falle	Was geht schief?	Was wirst du anders machen?
	Schlummern	Ich bleibe zu lange im Bett liegen.	Ich stehe sofort auf, damit ich noch duschen kann.
1			
2			
3			

Wenn du das Schema ausgefüllt hast, stell dir die neue Situation mit geschlossenen Augen sehr lebendig vor. Je öfter du diesen Film im Kopf wiederholst, desto größer ist die Wahrscheinlichkeit, dass du deinen Traum in die Tat umsetzt.

TIPP

Gähn! Du weißt natürlich, dass Schlaf und gesundes Essen wichtig sind. Aber weißt du auch, dass ungesunde Ernährung und schlechter Schlaf dir deine Willenskraft aussaugen? Deine Willenskraft braucht Energie wie ein Auto Benzin oder Strom. Wenn du deinen Traum verwirklichen willst, solltest du vielleicht doch lieber den ekligen Chicorée aufessen und dir im Bett genügend Zeit für deine Träume nehmen.

Willst du besser schlafen? Dann nutze den Audiotrack „Superschlaf" auf www.baumhausbande.com/deinkopfdersuperheld.

3. Superhelden in dir

EXPERIMENT 4

Welcher Held, welche Heldin wärst du denn gern? Zum Beispiel Batman, Superwoman oder Harry Potter? Du kannst dir auch selbst Superhelden ausdenken, etwa die Gedankenlesefrau oder den Ärgermann, der das Böse bekämpft, indem er die Schurken extrem ärgert (zum Beispiel, weil er ständig „Die Luft ist frei!" wiederholt, während er mit den Händen ärgerlich dicht vor ihrem Kopf herumwedelt), sodass sie sich flehend ergeben. Hauptsache, der Ärgermann hört auf, sie zu ärgern!

Zum Beispiel: clever, cool, stark, witzig, nett, kreativ

Dein Superheld

....

Welche positiven Eigenschaften hat er oder sie? Nenne fünf:

1 ....

2 ....

3 ....

4 ....

5 ....

Vielleicht glaubst du, als Superheldin bräuchte man unbedingt Zauberkräfte, Laserstrahlen oder die Fähigkeit zu fliegen. Aber irgendwie sind sie alle auch so schon Superhelden. Dein Onkel, der jeden Samstag Asylkindern Sprachunterricht gibt, dein Mitschüler, der sich für jemanden einsetzt, der gemobbt wird, oder deine Nachbarin, die mit ihrem schwarzen Gürtel in Karate im Handumdrehen einen riesigen Muskelprotz zu Boden bringt.

EXPERIMENT 5

Schau dir noch einmal die Eigenschaften des Helden oder der Heldin aus dem vorigen Experiment an. Welche dieser positiven Eigenschaften hast du selbst, auch wenn es nur ein bisschen davon ist? Nenne mindestens zwei.

1 ....

2 ....

Welche positiven Eigenschaften hast du sonst noch? Notiere sie hier:

....

....

....

ZU WENIG PLATZ ZUM EINTRAGEN ALL DEINER POSITIVEN MERKMALE? DANN KRITZELE EINFACH HIER WEITER!

Eine Liste mit positiven Eigenschaften findest du auf www.baumhausbande.com/deinkopfdersuperheld.

Wenn du mindestens zwei Eigenschaften genannt hast, ähnelst du deinem Superhelden schon ein wenig. Mit deinen positiven Eigenschaften gelingt es dir, deine Traumkraft in Taten umzusetzen. Das sind die Legosteine, mit denen du an deinem Traum baust. Denn Dinge, in denen du gut bist, geben dir Energie und Tatkraft. So wurde Walt Disney bei einer Zeitung entlassen, weil sein Chef meinte, er habe keine Fantasie und guten Ideen. Walt Disney vertraute auf seine positive Eigenschaft Durchsetzungsvermögen und ließ sich nicht aus dem Konzept bringen. Wenn er aufgegeben hätte, hättest du Donald Duck nie kennengelernt!

TIPP

Positive Eigenschaften sind wie Muskeln. Wenn du sie trainierst, werden sie stärker, machst du nichts damit, werden sie schlaff und wabbelig. Halte dir deshalb jeden Tag kurz deine positiven Eigenschaften vor Augen. Sage jedes Mal, bevor du etwas Schwieriges machst: „Yes, ich werde jetzt meine Superqualität .... ins Spiel bringen." Je mehr du darüber lächeln musst, desto besser!

4. Die Kraft von anderen

Warum auf die harte Tour, wenn es auch gemeinsam geht? Ohne die Hilfe von anderen kannst du deinen Traum unmöglich wahrmachen. Es ist keine Schwäche, um Unterstützung zu bitten, sondern ein Zeichen von Stärke. Du bittest zum Beispiel deinen Onkel um Nachhilfe beim Autoschrauben oder fragst deine Zeichenlehrerin, wie du einen Comic gestaltest, oder du schreibst einen Brief an König Willem-Alexander der Niederlande, ob du adoptiert und Prinz oder Prinzessin werden könntest (keine große Chance, aber man weiß ja nie ☺). Und es hilft, deinen Traum mit anderen zu teilen. Das ist ein kleines Druckmittel für dich, und andere werden dich mit Erfolgswünschen unterstützen: „Du kannst es!" Oder: „Wie mutig, dass du das machst!" Aber pass auf! Die Geschichte über die Bergziege zeigt, dass du gut darüber nachdenken solltest, ob du den Ratschlägen anderer folgst.

Gipfelgeschichte

Eine Bergziege möchte unheimlich gern den Gipfel des Berges erreichen. Während sie klettert, rufen alle Ziegen um sie herum: „Stopp, das ist unmöglich, das wird dein sicherer Tod!" Aber die Ziege ist taub und glaubt, die anderen feuern sie an. Sie fühlt sich von ihren Freunden unterstützt und hält durch. Schließlich erreicht sie den Gipfel! Wie gut also, dass sie die anderen Ziegen nicht hören konnte, sonst wäre es ihr bestimmt nicht gelungen.

Es ist wichtig, sorgfältig auszuwählen, wer dir Rat geben darf. Suche dir Menschen aus, die nur das Beste für dich wollen, die dich wirklich ermutigen können und nicht immer nur Probleme sehen. Die Abschluss-Challenge ist eine Übung, die dir dabei weiterhelfen kann.

FORDERE DEINE ELTERN HERAUS!

TRÄUME WAHR MACHEN

Vielleicht glaubst du es nicht, aber auch deine Eltern haben Träume. Lass dir mal erzählen, welche sie in deinem Alter hatten, welchen Traum sie jetzt noch hegen und mit welchen Fallstricken sie zu kämpfen haben.

Pipileicht? Warte mal … Sie dürfen dabei nämlich keines der folgenden Wörter benutzen: **„ÄHM“**, **„JA“** und **„NEIN“**. Mach es ihnen besonders schwer und stelle ihnen viele Fragen (zum Beispiel: Was hast du dann gemacht? Hast du Angst, dass dein Traum nicht wahr wird?).

Wenn sie es fünf Mal nicht geschafft haben, hast du gewonnen. Notiere hier die falschen Ergebnisse:

1 2 3 4 5

HAHAHA, PIPILEICHT (NÖÖ)
(ABER DAS BRAUCHST DU DEINEN ELTERN JA NICHT AUF DIE NASE ZU BINDEN.)

Du gewinnst einen Spieleabend und darfst bestimmen, welches Spiel es wird.

Vielleicht hast du ja gemerkt, dass es deinen Eltern manchmal genauso schwerfällt wie dir, ihren Traum in die Tat umzusetzen. Hilf diesen armen Menschen also, indem du ihnen von den Tipps aus diesem Kapitel erzählst.

ABSCHLUSS-CHALLENGE

Tatkraft

Dicken Daumen hoch, du hast die letzte Challenge erreicht!

Traum nachjagen = um Hilfe bitten!

Notiere die Namen von drei Menschen, mit denen du deinen Traum teilen willst (zum Beispiel dein bester Freund, deine Lehrerin oder dein Lehrer). Erzähle ihnen auch, welche Schritte du gehen möchtest und welche positiven Eigenschaften dir dabei helfen werden.

1 ....

2 ....

3 ....

Schreibe eine Person auf, die du bitten möchtest, dir zu helfen, deinen Traum zu erreichen.

1 ....

Wann wirst du diese Person um Hilfe bitten?

....

HAST DU ALLE FÜNFZEHN ABSCHLUSS-CHALLENGES GESCHAFFT?

Dann ist dies dein allerletztes Kreuzchen.
Ach, nein, vorne im Buch natürlich auch noch eines!

Langweiliger Abschnitt für deine Eltern

Kinder haben oft große Träume, aber manchmal trauen sie sich nicht, sie in die Tat umzusetzen, oder sie geben vorzeitig auf. Helfen Sie Ihrem Kind zu lernen, dass die Realisierung von Träumen mit Herausforderungen und Fehlschlägen einhergeht. Erzählen Sie ihm regelmäßig, welchen Herausforderungen Sie selbst sich bei der Verwirklichung Ihrer Träume stellen müssen. Oft ist Kindern nicht klar, dass auch Eltern es mit Misserfolgen zu tun haben. Sie glauben schnell, dass bei ihren Eltern alles problemlos läuft.

DANKE SCHÖN

Ein Buch hat eine gewisse Ähnlichkeit mit einem Körper. Das Herz ist (in diesem Fall) der Schriftsteller, und alle Menschen um ihn herum sind seine Gliedmaßen und Organe. Das Team von Maven Publishing (Lydia, Sander, Emma, Mariska, Evelien, Noëlle, Sjoukje und Gabina) – ihr seid ganz eindeutig der Po: kraftvoll, weich und immer angenehm als Stütze. Emma, dir gilt darüber hinaus mein Dank für deine messerscharfen Beiträge und unser angenehmes Beisammensein. Mariska, alle Achtung für all deine kreativen Vorschläge. Lydia, mit deinen verkäuferischen Fähigkeiten könnte es dir sogar gelingen, Kartoffeln als Diamanten zu verkaufen. Noëlle, du bist eine große Bereicherung für das Team. Und Sander, vielen Dank für deinen immer nützlichen Blick von der Seitenlinie. Der rechten Hand, Marc ter Horst, danke ich für seine durchdachten Ideen und das Geraderücken meiner krummen Sätze. Hein, du bist wie die lachenden Schultern, auf denen dieses Buch ruht: Deine geistreichen, rührenden Zeichnungen treffen exakt den richtigen Ton. Die Haut ist das Team von TokTok, Annemmiek und Marieke, eure kreativen Ideen und die Präsentation runden das Buch beeindruckend ab. Der Mund sind alle Menschen, die mir großherzig Rat gegeben haben: Cootje, Nicolette, Marjan, die 5. Klasse der Grundschule IKC Prins Claus in Zoetermeer und De Kinderbrug in Rijpwetering, Jacob, Marije, Boet und Félien. Großen Dank für euren selbstlosen Einsatz. Die Ohren sind alle Macher der Lieder zu diesem Buch. Hut ab, Jan, Keez, Peter, Elise und Jurrian, für eure schönen Lieder. Elise, Liebe meines Lebens, außer den Ohren bist du auch noch die Augen, denn du bist eine irritierend gute Mitleserin. Worte sind oft überflüssig, dein Blick verrät alles (vor allem meine Fehlschüsse). Unerträglich gut. Ava, du bist die Seele dieses Buchs. Mein größter Antrieb, mich für uns alle ins Zeug zu legen. Mögest du und alle Kinder einen gesünderen Geist für eine gesündere Welt haben.

ANMERKUNGEN UND LITERATUR

1 Veraska, Aleksander N. und Aleksandra E. Gorovaya 'Effect of imagination on sport achievements of novice soccer players.' *Psychology in Russia* 4 (2011): 495-504.
http://psychologyinrussia.com/volumes/pdf/2011/32_2011_veraksa_gorovaya.pdf (Januar 2019).

2 Jenkins, Margaret H. 'The effects of using mental imagery as a comprehension strategy for middle school students reading science expository texts', Dissertation, 2009.
Farrand, Paul, Fearzana Hussain und Enid Hennessy. 'The efficacy of the 'mind map' study technique.' *Medical education* 36.5 (2002): 426-431.
Van Tilburg, Miranda A.L. u. a. 'Audio-recorded guided imagery treatment reduces functional abdominal pain in children: A pilot study.' *Pediatrics* 124.5 (2009): e890-e897.
http://psychologyinrussia.com/volumes/pdf/2011/32_2011_veraksa_gorovaya.pdf (Januar 2019).
https://www.psychologytoday.com/intl/blog/the-power-imagination/200910/banish-belly-and-other-aches-guided-imagery-helps-kids-ease-tummy (Januar 2019).

3 Goyal, Madhav u. a. 'Meditation programs for psychological stress and well-being: A systematic review and meta-analysis.' *JAMA, Journal American Medical Association* 174.3 (2014): 357-368.

4 Für weitere Informationen siehe https://www.kidsmatter.edu.au/mental-health-matters/social-and-emotional-learning/making-decisions.

5 Lies auch: Amen, Daniel. *Captain Snout and the Super Power Questions.* Grand Rapids: Zonderkidz, 2017.

6 Talwar, Victoria und Kang Lee. 'Development of lying to conceal a transgression: Children's control of expressive behaviour during verbal deception.' *International Journal of Behavioral Development* 26.5 (2002): 436-444.

7 Inspiriert von der Geschichte von Dan Millman 'Courage' aus Canfield, Jack. *Chicken Soup for the Soul: 20th Anniversary Edition.* New York: Simon and Schuster, 2013.

8 Nakao, Kazuhisa u. a. 'The influences of family environment on personality traits.' *Psychiatry and Clinical Neurosciences* 54.1 (2000): 91-95.

9 Harlow, Harry F. und Robert R. Zimmerman. 'Affectional responses in the infant monkey.' *Science* 130.3373 (1959): 421-431.

10 https://greatergood.berkeley.edu/article/item/what_parents_neglect_to_teach_about_gratitude.

11 Dweck, Carol S. *Mindset: The new psychology of success.* New York: Random House Digital, Inc., 2008.
Baumeister, Roy u. a. 'Does high self-esteem cause better performance, interpersonal success, happiness, or healthier lifestyles?' *Psychological Science in the Public Interest* 4.1 (2003): 1-44.

12 https://www.express.co.uk/news/science/741074/25-hour-day-earth-orbit-slowing (August 2018).

13 https://www.psychologytoday.com/us/blog/mental-wealth/201402/gray-matters-too-much-screen-time-damages-the-brain.
Zhou, Yan u. a. 'Gray matter abnormalities in internet addiction: A voxel-based morphometry study.' *European Journal of Radiology* 79.1 (2011): 92-95.
Yuan, Kai u. a. 'Microstructure abnormalities in adolescents with internet addiction disorder.' *PLOS ONE* 6.6 (2011): e20708.
Weng, Chuan-Bo u. a. 'Gray matter and white matter abnormalities in online game addiction.' *European Journal of Radiology* 82.8 (2013): 1308-1312.
Weng, Chuan-Bo u. a. 'A voxel-based morphometric analysis of brain gray matter in online game addicts.' *Zhonghua yi xue za zhi* 92.45 (2012): 3221-3223.

14 http://www.dana.org/Briefing_Papers/The_Truth_About_Research_on_Screen_Time/#_edn15.

15 https://www.verywellfamily.com/tips-for-limiting-electronics-and-screen-time-for-kids-1094870.

16 Inspiriert von einem Zitat des Dalai Lama: „Wenn du sprichst, wiederholst du nur, was du schon weißt. Aber wenn du zuhörst, kannst du etwas Neues lernen."